APRENDIZAJE LÚDICO: LOS VIDEOJUEGOS

— *Colección Comunicación e Información Digital* —

APRENDIZAJE LÚDICO: LOS VIDEOJUEGOS

Editores

Alfonso Chaves-Montero
Sheila Peñalva
Leticia Rodas Alfaya

Autores
(por orden de aparición)

Alfonso Chaves-Montero
Sheila Peñalva
José Antonio Gabelas Barroso
Daniel Rodríguez Vicente
Antonio Méndez Montiel
Ignacio Aguaded
Enrique Morales Corral
Leticia Rodas Alfaya
Rocío Guede Cid
Piedad Tolmos Rodríguez-Piñero
Ana Isabel Cid Cid
Belén Puebla-Martínez
María Luisa Calatayud Estrada

EGREGIUS
ediciones

APRENDIZAJE LÚDICO: LOS VIDEOJUEGOS

Ediciones Egregius
www.egregius.es

Diseño de cubierta e interior: Francisco Anaya Benitez

© Los autores

1ª Edición. 2018

ISBN 978-84-17270-40-7

ÍNDICE

INTRODUCCIÓN 9
Alfonso Chaves-Montero

PRÓLOGO 11
José Antonio Gabelas Barroso

CAPÍTULO I. Math Royale: Un proyecto de gamificación matemática en el aula 15
Daniel Rodríguez Vicente y Antonio Méndez Montiel

CAPÍTULO II. Evaluación y diseño de videojuegos: herramientas de aprendizaje lúdico en las aulas 27
Alfonso Chaves-Montero

CAPÍTULO III. Innovación Docente y Aprendizaje Lúdico en el entorno universitario español 43
Ignacio Aguaded y Sheila Peñalva

CAPÍTULO IV. La Realidad Virtual y Aumentada como instrumento de educación activa...63
Enrique Morales Corral

CAPÍTULO V. Gamificación en la formación de maestros de Educación Primaria: una propuesta didáctica en el aula de matemáticas...79
Leticia Rodas Alfaya, Rocío Guede Cid
y Piedad Tolmos Rodríguez-Piñero

CAPÍTULO VI. Aprender a enseñar matemáticas a través de los juegos infantiles...95
Ana Isabel Cid Cid, Rocío Guede Cid
y Belén Puebla-Martínez

CAPÍTULO VII. Actividades para trabajar la Inteligencia Emocional en una experiencia de aprendizaje gamificada en Educación Superior ... 111
María Luisa Calatayud Estrada

INTRODUCCIÓN

Los videojuegos representan en la actualidad una de las vías más directas de los niños a la cultura informática; sin embargo, son muy criticados por sus contenidos y muy poco utilizados por los educadores. Creemos firmemente que es necesario un compromiso social para impulsar un sistema educativo que se asiente en bases sólidas y permita ganar el futuro.

Las Tecnologías de la Información y la Comunicación (TIC) son elementos ya naturales en la vida cotidiana, especialmente en edades tempranas. Son las herramientas del presente, pero lo serán mucho más en el futuro. Hay que mostrar que los videojuegos, lejos de ser entendidos únicamente de una manera lúdica, pueden utilizarse como cualquier herramienta didáctica para enseñar todo tipo de conceptos y materias educativas.

Los videojuegos resultan potentes estrategias metodológicas que favorecen el aprendizaje significativo y constructivo en un entorno lúdico y digital que tanto motiva e interesa a los alumnos. De esta manera, el objetivo de este simposio trata de acercar las diversas propuestas a un público profesional que puedan servir como base en procesos experimentales de proyectos piloto.

Este simposio podrá acoger trabajos que aborden temas como:

- Adquirir nuevos conocimientos.
- Poner en práctica conocimientos conceptuales, procedimentales y actitudinales.
- Desarrollar habilidades psicomotrices, así como la coordinación mano-vista.
- Desarrollar habilidades de pensamiento crítico, estrategia y toma de decisiones.
- Adquirir habilidades relacionadas con el mundo digital.
- Desarrollar actitudes de superación y autoestima.
- Aprender a compartir y colaborar con el otro.
- Potenciar la fantasía, la imaginación y la creatividad.

Alfonso Chaves-Montero
Universidad de Huelva, España

PRÓLOGO

Es una fortuna que esté superado el viejo debate entre tecnofobias y tecnofilias, porque de esta manera recuperamos la objetividad para observar los videojuegos, no como un problema, sino como una oportunidad. La irrupción digital cogió con el pie cambiado a todas las industrias culturales (cine, televisión, editoriales, discográficas, radio, prensa), ha sido y es la industria del videojuego la única que no redujo sus ganancias, sino que incluso las aumentó. Según la Asociación Española de Videojuegos (AEVI), España facturó 1163 millones en 2016, un 7,4% más que el año anterior. Según los datos del Libro Blanco del Desarrollo Español de Videojuegos 2016, la industria consiguió incrementar su plantilla un 32%, alcanzando los 4.460 profesionales, empleos y colaboradores directos. España se sitúa en el octavo puesto del mercado mundial del sector del videojuego por ingresos totales.

Este contexto económico, industrial y empresarial del videojuego está entrando progresivamente en el panorama educativo, aunque no con la celeridad de otros países como EE.UU, Reino Unido o Finlandia. La jugabilidad es la dimensión que describe la naturaleza del videojuego, que debe ser divertido y satisfacer al jugador. Placer, motivación, emoción, accesibilidad, inmersión, son ingredientes imprescindibles en el entorno lúdico, mediado por la tecnología. Si hacemos una rápida comparativa entre el espectador tradicional, y el usuario de videojuegos, centrados en la infancia y la adolescencia, aunque el terreno del videojuego es un territorio común, que no está acotado por edades, ni géneros, observamos que el ejercicio lúdico que exige este entorno facilita el aprendizaje activo y focalizado, en un contexto concreto y significativo.

Con el videojuego desaparece la tradicional distancia entre sujeto y objeto que define la galaxia Gutemberg y la práctica con los *Mass Media*. El jugador ocupa una posición, actúa en una inmersión virtual, en un escenario diseñado explícitamente para ello. Se produce una empatía con el avatar, que supera en mucho los tradicionales mecanismos de proyección e identificación que sucede con los actantes en los géneros narrativos anteriores. Se produce una conexión total entre narrativa y simulación, guion y acción, emisión y producción.

Un libro, una película, una canción tienen unas posibilidades didácticas y educativas. El videojuego tiene otras que no están al alcance de las anteriores. Su dimensión lúdica permite promover comportamientos y actitudes, aptitudes y habilidades, procesos y conocimientos, basados en la interacción y la creación colaborativa. En multitud de ejemplos, la naturaleza y función del videojuego no es ganar individualmente, sino conseguir determinados objetivos, desde unas estrategias planificadas cooperativamente. Kingsage es solo ejemplo, en este caso de juego de rol, en el que se diseña una colonia centrada en alianzas para el gobierno de diferentes países. Por poner otro ejemplo, tenemos *Full Spectrum Warrior*, juego cooperativo que se mueve en dinámicas tácticas, muy empleado por el ejército norteamericano.

Existen videojuegos para todas las edades, no solo juegan los niños y jóvenes, las franjas de edad y los hábitos de los consumidores se encuentran dispersos. Hace un tiempo la PC y las máquinas *Arcade* eran los únicos espacios para el juego digital, pero ahora el juego se diversifica en *Playstation, Xbos, Nintendo Switch,* las redes sociales y los múltiples dispositivos móviles que permiten un juego permanente, coral y ubicuo. Las previsiones colocan a los *smartphones* y las tabletas digitales como los impulsores del mercado para el próximo 2020.

El mundo del videojuego redimensiona el sentido de las audiencias, permite una personalización, facilita el *engagement*, abre nuevos circuitos para el aprendizaje, y cuestiona viejas y rancias tradiciones didácticas. El juego significa un territorio (no fronterizo o si), unos participantes, unos retos, unas estrategias, en un escenario de constante e inmediata gratificación sensorial y emocional.

Jugar es una actividad que refuerza los vínculos sociales, afianza la identidad del usuario en el uso del avatar, y desarrolla una serie de destrezas y habilidades psicosociales. Abre un inmenso y diverso espectro de géneros, formatos y temáticas, donde lo lúdico atraviesa de inicio a fin su práctica. Incluso existen juegos de terror como los *Escape Rooms* que permiten la experiencia inmersiva y colaborativa para resolver determinados conflictos narrativos o situaciones, como salir de un espacio cerrado o cumplir una determinada misión.

Esta publicación que coordinan Alfonso Chaves-Montero, Sheila Peñalba y Leticia Rodas, realiza un recorrido por los escenarios lúdicos en el contexto digital en su relación con el sector educativo, en los que la alfabetización mediática y el desarrollo de las competencias digitales, son un pilar esencial. La puesta en práctica de habilidades psicomotrices, desarrollo de estrategias y toma de decisiones, así como la superación de conflictos relacionados con las habilidades psicosociales como la autoestima y la empatía, son algunos de los aspectos que se desarrollan en los siguientes capítulos.

No cabe ninguna duda, que este entorno lúdico es la punta de lanza de lo que está ocurriendo con las pedagogías emergentes. Ya no hablamos de TIC, sino de TRIC (Tecnologías de la Relación, Información y Comunicación) para comprender las entrañas del videojuego. El usuario o jugador es el nodo central que establece y desarrolla un conjunto de relaciones (en lo que denominamos factor relacional), para tejer una red de conexiones sinápticas, en la medida que son significativas y relacionales, en la medida en que son colaborativas. Jugar es ejercer el ser social que todos tenemos dentro, un *homo ludens* relacional.

José Antonio Gabelas Barroso
@jgabelas

CAPÍTULO I

MATH ROYALE: UN PROYECTO DE GAMIFICACIÓN MATEMÁTICA EN EL AULA

Daniel Rodríguez Vicente

Maestro de educación primaria, España

Antonio Méndez Montiel

Maestro de educación primaria, España

Resumen

Math Royale es un proyecto de gamificación matemática basado en el juego "Clash Royale" de la empresa Supercell. Este proyecto tiene como objetivo desarrollar el aprendizaje de las matemáticas a través de las situaciones del propio juego y sus mecánicas. Con las diferentes actividades, retos y misiones los jugadores de forma individual o con sus clanes tendrán que conseguir gemas para abrir cofres y conseguir las diferentes cartas con recompensas y privilegios que podrán usar a su antojo. El proyecto se desarrolla en el aula a través de diferentes metodologías educativas como el flipped classroom, el aprendizaje cooperativo, el aprendizaje basado en juegos y el aprendizaje basado en problemas. Dentro del proyecto encontraremos desde problemas matemáticos basados en situaciones del juego hasta retos entre clanes donde trabajan juntos por un bien común o compiten por la consecución de gemas.

Math Royale ha tenido una gran aceptación por parte de los alumnos y familias de nuestro centro y consiguiendo grandes resultados de nuestros alumnos en el área de matemáticas. Exportado a más de 30 centros educativos de España, México, y Colombia. Por otro lado ha sido reconocido en diferentes medios a través de internet así como en la participación de eventos como las I jornadas de gamificación Juego y Aprendizaje o en el segundo Encuentro Nacional de Centros Innovadores. Math Royale ha sido la experiencia ganadora del V concurso nacional el juego en la escuela por el Observatorio del juego & Fundación crecer jugando en el 2017.

Palabras claves

Matemáticas, gamificación, motivación, aprendizaje significativo.

Introducción

Math Royale es un proyecto de gamificación de matemáticas con un sistema de recompensas que pueden conseguir a través de cartas e intercambio de gemas que irán ganando según se cumplan los objetivos de clase.

La idea surge hace unos meses, cuando los alumnos comenzaron a jugar al juego Clash Royale. Nos dimos cuenta de que estaban todo el día en el colegio hablando de cartas, cofres, personajes, etc... Desde ese momento lo vimos claro. Los veíamos motivados con el juego, así que comenzamos a hablar con ellos para que nos explicaran en qué consistía. Los aspectos más importantes que vimos que les gustaba del juego era el ganar batallas, conseguir gemas y demás. Nosotros por otro lado, pues nos convertimos en jugadores del juego durante una temporada para conocer en primera persona aquello que les gusta a nuestros estudiantes.

Aquí ya comenzamos a plantar la semilla porque les contamos a nuestros pupilos que estábamos dentro del juego. A partir de ahí, todo el día nos preguntaban que cómo nos llamábamos dentro del juego para luchar contra nosotros o nos pedían por favor formar parte de su clan. Una vez que ya conocíamos el funcionamiento del juego, comenzamos a diseñar el proyecto y a ir dejando algunas pistas por twitter, por el colegio... para que los alumnos comenzasen a sospechar que algo se estaba cociendo. A partir de ahí diseñamos el sistema de bonificación que utilizaríamos en la fase inicial del proyecto, que luego evolucionaria a la gamificación de los deberes, el gran reto, el juego de mesa, y la misión final.

Figura I. Portada del Proyecto Math Royale

Objetivos Generales

- Motivar a los alumnos
- Contextualizar las matemáticas según sus intereses.
- El resto de objetivos siguen siendo los mismos del área.
- Introducir en el aula metodologías activas.
- Evaluar el resultado de la implementación de dichas metodologías.

Objetivos Específicos

- Interiorizar los contenidos marcados por el currículo.
- Aprender a trabajar en grupo.
- Disfrutar del trabajo cooperativo.
- Trabajar en grupo para la consecución del bien común.
- Integrar los conceptos matemáticos en las situaciones de la vida cotidiana.
- Valorar y respetar el trabajo y opiniones de los demás.

Método

Se creó un registro de gemas en la tabla de excel adjunta a la web. Las gemas abren los diferentes cofres. Algunos cofres se abren con pocas gemas y otros con muchas. Dependiendo el cofre que sea las cartas que hay dentro serán de más valor o menos.

- Se da una gema a cada alumno después de cada clase de matemáticas si su comportamiento durante la sesión ha sido correcto y ha conseguido los objetivos de esa clase (participar, tener los deberes hechos...).
- Se pueden dar gemas en alguna actividad voluntaria que se mande para casa.
- Se pueden dar gemas por retos de forma individual o por equipos. Si es por equipos, cada grupo formará su clan.
- Se pueden dar más o menos gemas en función de los resultados en los exámenes y controles.

La idea es que cada cofre se abriese con un determinado número de gemas. El alumno podía decidir si abrir un cofre si tiene las gemas necesarias o esperar y conseguir más para abrir otro mayor. Cuando el alumno abría un cofre, podía escoger una de las cartas que el cofre contenía. Si decidía volver a abrir ese mismo cofre, el alumno no podía volver a coger esa carta hasta que no hubiese utilizado todas las demás.

Para eso, se creó un registro como el siguiente, así podíamos saber qué cartas habían ido utilizando cada alumno y quiénes habían conseguido más o las mejores cartas. Además pusimos un precio a cada cofre e introducimos en ella las cuatro cartas que consideramos teniendo en cuenta su nivel de privilegio quedando configurados de la siguiente manera:

<u>Cartas comunes:</u>

¿Cómo se consiguen?

Hay que abrir el cofre de madera, para ello se necesitan 5 GEMAS

Ejemplos de cartas comunes:

- Salida al baño.
- 3 minutos de invisibilidad.
- Salir el primero en las filas.
- Hacer un ejercicio con calculadora.

<u>Cartas especiales:</u>

¿Cómo se consiguen?

Hay que abrir el cofre de plata, para ello se necesitan 10 GEMAS

Ejemplos de cartas especiales:

- Saltarte una actividad de matemáticas cuando quieras.
- Parar el tiempo durante 5 minutos.
- Obtener la solución de un ejercicio de tu elección.
- Poner 3 canciones en clase mientras se trabaja.

<u>Cartas épicas:</u>

¿Cómo se consiguen?

Hay que abrir el cofre de oro. Se necesitan 15 GEMAS

<u>Ejemplos de cartas épicas:</u>

- Un día sin deberes.
- Solicitar ayuda durante un control o examen.
- Obtener 0,50 un examen.
- Eliminar una pregunta del examen.

<u>Cartas legendarias:</u>

¿Cómo se consiguen?

Hay que abrir el cofre legendario. Se necesitan 20 gemas.

<u>**Ejemplos de cartas legendarias:**</u>

- Hipnotizar al profe (decirte la respuesta a una pregunta, corregirte el examen al momento, etc.).
- 20 minutos más de patio.
- Sesión con iPad.
- Usar la calculadora durante un examen.

También cabe destacar que contamos con la colaboración de un compañero de otro centro llamado Aarón Asencio, nosotros compartimos con él la página de Math Royale y el compartió con nosotros su web en donde tiene recogidos todos los contenidos del temario de matemáticas apoyados con videos. Esto nos permitió dar un enfoque flipped al proyecto ya que les mandábamos ver dichos contenidos en casa y dejábamos el tiempo del aula, para trabajar y resolver dudas.

Para complementar el proyecto nos propusimos planificar actividades adaptadas al juego, dejando así un poco a un lado el libro de texto. Para ello realizamos tres tipos de adaptaciones, siempre de los enunciados, por lo tanto el modelo de evaluación quedaba intacto ya que solo realizábamos adaptaciones metodológicas. Dichas actividades se clasifican en tres apartados:

- Actividades individuales
- Retos grupales o de clanes
- Adaptación de los enunciados de los diferentes exámenes.

Todas estas actividades se colgaron en la página del proyecto y estaban a disposición de cualquiera que entrase en ellas, para que pudiesen ser utilizadas como repaso, actividades de refuerzo, etc.

Actividades individuales

Aquellas que realizábamos en clase de manera habitual y consistía en prepararles un cuadernillo de ejercicios para trabajarlos de manera individual en clase. Estos ejercicios iban hilados a través de la narrativa del juego.

Actividades grupales o de clanes

Estas actividades se realizaban de forma menos habitual y se consideraban retos especiales y además tenían premios especiales para los ganadores del clan. Para estas actividades utilizábamos diferentes aplicaciones como podían ser Kahoot, Plickers, formularios de Google o el famosísimo concurso Jeopardy. Con dichas retos trabajábamos tanto el trabajo en equipo como el trabajo cooperativo.

Adaptación de los exámenes

Para terminar de complementar este proyecto, preparamos adaptaciones de los diferentes exámenes tanto de los diferentes temas, como los exámenes de problemas, eligiendo uno de los personajes del juego (o varios) y construimos toda una narrativa para hilar los diferentes ejercicios de los exámenes. Con ello pretendíamos relajar un poco esa tensión que todo alumno tiene frente a un examen. El resultado de dichas adaptaciones fue tremendamente positivo y la media de notas en general subió al realizar este tipo de pruebas.

<u>Gamificación de los deberes: "El gran reto"</u>

Una vez que pasados unos meses la motivación comienza a decaer se hace necesario que el proyecto vaya transformándose y añadiendo nuevas sorpresas. Por este motivo decidimos introducir un nuevo elemento al que llamamos "El gran reto".

Viendo su buena aceptación y buscando mantener en el lugar más alto la motivación del alumnado, creamos un sistema de gamificación de deberes basado también en el propio juego, en el que a través de la página del proyecto tenían hasta 8 arenas (o niveles del juego), los cuales estaban protegidos por contraseña y para obtenerla debían resolver los ejercicios planteados en cada arena y la combinación de algunas cifras de los resultados de los mismos les permitirían a través de unas instrucciones obtener la contraseña para desbloquear la siguiente arena.

Al ver que la motivación del alumnado crecía y crecía decidimos incluir entre los ejercicios de las arenas algunos contenidos que aún no habíamos visto en clase, para que ellos mismos fuesen capaces de investigar por su cuenta si querían pasar al siguiente nivel. Descubrimos con gran agrado y no menos sorpresa que los alumnos contaban con la colaboración de las familias, amigos, profesores particulares etc... para resolver aquellos ejercicios que, en principio, no estaban a su alcance. Estas actividades eran de carácter voluntario y por tanto no tenían una temporalización concreta y podían hacerlas en el momento que ellos consideraban oportuno. Además superar esta fase del proyecto tenía una recompensa especial formada por 25 gemas.

<u>Juego de mesa</u>

Para complementar el proyecto y a modo de repaso decidimos construir un juego de tablero, replica del campo de batalla del juego, en el que de forma individual o por equipos, los alumnos tenían que destruir las torres de los otros jugadores, resolviendo preguntas matemáticas correspondientes al temario. Además se pueden organizar torneos en los que se ponen en juego gemas extra.

<u>**La misión final**</u>

El último giro del proyecto viene dado al inicio del tercer trimestre. Cuando de repente de manera misteriosa y a través de un video de motivación que se puede ver en la página del proyecto, aparecen en escena dos nuevos personajes para los que creamos avatares con nuestra cara. Dichos personajes son "Danybili" y "Anthonimus" que necesitaban ayuda para volver a su mundo. Su nave estaba estropeada y necesitaban la ayuda de los clanes para conseguir su objetivo. Es por ello que los clanes tendrían que trabajar durante semanas para conseguir, entre juegos y actividades matemáticas, construir un avión con papel y conseguir que como mínimo planeara.

Para ello tendrían que superar 6 fases de construcción:

Primera fase: Planificación

Para comenzar los clanes debían planificar el viaje que nuestros protagonistas debían realizar de vuelta a su mundo. Así a través de juegos y acertijos llegarían a completar dicha misión. Primero debían averiguar en qué lugar del planeta estaba la puerta secreta por donde tendrían que regresar con ayuda de algunas pistas.

Segundo, averiguar la distancia que tendrían que recorrer desde Torrejón de Ardoz hasta dicho lugar del planeta, evitando algunos puntos problemáticos que les propusimos. En esta ocasión tuvieron que trabajar con coordenadas. Después la cantidad de tiempo que tardarían en realizar el viaje, a través de problemas matemáticos de unidades de medida y fracciones entre otras cosas. Por último la cantidad de combustible a través de tablas de datos y más problemas matemáticos. Además deberían estimar si sería suficiente financiar el viaje con el supuesto presupuesto ficticio que tenían. Una vez superada esta fase y con su paso a la segunda dispondrían de 5 gemas extras.

Segunda fase: Materia prima

Una vez planificado el viaje, tocaba ponerse manos a la obra para proveerse de la materia prima (siempre reciclada, por supuesto) para construir su avión. En la primera parte debían descubrir un mensaje oculto en los resultados de hasta 19 operaciones matemáticas y en la segunda fase deberían descubrir agudizando su ingenio la frase encriptada a través del código Braille.

Tercera fase: Ingeniería

Esta fase se trataba de construir dicho avión, y les dimos tres croquis en hojas de cuadro (el frente, la vista desde arriba y el perfil) para que supieran como eran las piezas que necesitaban y que posición debían ocupar. Trabajando con esto las diferentes perspectivas y la orientación espacial.

Al ser un croquis tenían que trabajar con las escalas dadas para construirlo y además seguir las orientaciones de las distintas formas geométricas que lo formaban. Para cumplir este objetivo debían trabajar con formas geométricas, ángulos, grosor, etc.

Una vez el avión estaba construido, había que pintarlo y como no podía ser de otra manera, esto también era un reto porque no podían ser colores al azar, sino que tenían que averiguar qué color iba en cada parte del avión a través del código de colores HTML y la tabla que les proporcionábamos con el código correspondiente a cada parte y además colocarle el escudo identificativo del clan al que pertenecía cada avión. ¿Serían capaces de encontrar la correspondencia entre el color y el código que les estábamos aportando? Pudieron contar con la ayuda de los dispositivos electrónicos que creyesen conveniente.

Cuarta fase: Montaje

Cuando casi estaba listo, aun les habíamos guardado una sorpresa más. El avión que habían constr*uido no* podría volar ya que habíamos colocado un error, de manera intencionada, en la fase de ingeniería que había descubrir y modificar para que llegaran a buen puerto. Para ello había que realizar una revisión de las fases anteriores y encontrar el error para poder subsanarlo.

Quinta fase: Puesta a punto

Una vez encontrado y corregido el error, los clanes tuvieron que hacer las pertinentes pruebas de vuelo e ir modificando la estructura de su avión para poder hacerlo planear. Entre otras modificaciones los alumnos hicieron correcciones en el peso de las diferentes partes del avión para que no cayese en picado, modificaciones en el desvío del rumbo ya que el avión giraba demasiado hacia una dirección u otra.

Fase final: El despegue

Una vez realizado esta larga andadura llega la prueba final, el momento en el que los clanes deben lanzar sus aviones y comprobar si han alcanzado el éxito o no, pero sobre todo ha llegado el momento de disfrutar de todo el trabajo realizado durante meses. Solo hubo algunos elegidos que consiguieron completar la misión, pero si es cierto que todos ellos disfrutaron de esta última parte del proyecto.

Por supuesto para aquellos que consiguieron superar la misión final había un premio que se revelaría, como no podía ser menos, en forma de carta especial, que les otorgaría un poder muy especial. Tuvieron la posibilidad de elegir entre la carta Danybili que les daba la posibilidad de coger sus tres cartas favoritas del proyecto y utilizarlas con tres alumnos de su elección, que además podrían ser de cualquiera de las clases, o elegir la carta Anthónymus que les concedería un punto adicional en su nota final de matemáticas. En cualquier caso justo premio para los trabajadores incansables.

Evaluación:

El sistema de evaluación sigue siendo el mismo del área, es decir, a través de los diferentes controles y exámenes de clase. Estos exámenes y control han sido adaptados por nosotros para que se ajustasen a los perfiles propios del juego. La parte de la misión final se ha realizado en una franja de la asignatura, que no se evalúa por parte del centro con lo cual no nos hemos visto obligados a modificar la evaluación, pudiendo así liberar a los alumnos de esa tensión adquirida que les supone estar siendo constantemente evaluados. Aun así siempre tomamos nota de todo aquellos que los clanes iban consiguiendo como los retos, objetivos, beneficios, etc.

Resultados

Los resultados a raíz de la aplicación de este proyecto ha sido la de un aumento significativo en la motivación de los alumnos y un agradecimiento de las familias por este hecho. Además ha mejorado la aplicación del trabajo cooperativo entre los alumnos.

Además el proyecto ha sido publicado en numerosas revistas digitales como educación3.0, colegiotrespuntocero, evirtualplus, gamificación educativa, articuloscducativos.es, bibliotecaescolardigital.es, alaaceitera.blogspot.com, matematicapositiva.com.ve, etc. Además ha sido elegida para intervenir y exponerse en varios eventos como las I jornadas de gamificación Juego y Aprendizaje o en el segundo Encuentro Nacional de Centros Innovadores.

Math Royale ha sido la experiencia ganadora del V concurso nacional el juego en la escuela por el Observatorio del juego & Fundación crecer jugando en el 2017.

Discusión y conclusiones

Nuestros objetivos personales con este proyecto se proyectaban tanto dentro del aula como fuera de ella. Dentro, ya que pretendíamos que nuestros alumnos mejoraran el concepto y la visión de las matemáticas, intentando que se ajusten a una realidad de la que ellos se sientan parte y además que se integren en la actividad que a ellos más les gusta, que es el juego.

Fuera del aula, quisimos animar a otros docentes para que comenzaran a gamificar en sus aulas y con sus alumnos. Analizando el principal problema que hemos encontrado, por lo general, a la hora de gamificar que es la falta de tiempo para dedicarle a iniciar la gamificación, decidimos compartir la plantilla original que creamos con toda aquella persona que se puso en contacto con nosotros. Esta plantilla podía ser modificada según los intereses y las asignaturas de la persona que lo demandaba.

Lo único que pedíamos "a cambio" es que nos dijeran el nombre del centro y la asignatura para que pudiéramos incluirla en la página web del proyecto. Esta iniciativa tuvo una gran acogida y en la actualidad Math Royale ha sido compartido con más de 50 centros por toda España y Sudamérica.

Bibliografía /Material Audiovisual/Material complementario

Web realizada especialmente para este proyecto y en la cual se obtiene
toda la información acerca del mismo para todo aquel que quiera
utilizarlo.

http://quintohumanitas.wixsite.com/mathroyale

Modelos de cartas de recompensas:

http://quintohumanitas.wixsite.com/mathroyale/cartas

Ejemplo de actividades adaptadas:

http://quintohumanitas.wixsite.com/mathroyale/actividades

Ejemplo de retos:

http://quintohumanitas.wixsite.com/mathroyale/retos

Juego de mesa creado:

http://quintohumanitas.wixsite.com/mathroyale/juego-de-mesa

El gran reto:

http://quintohumanitas.wixsite.com/mathroyale/el-gran-reto

Misión Final:

http://quintohumanitas.wixsite.com/mathroyale/misión-final

Video de motivación: embebido en la página de misión final.

CAPÍTULO II

EVALUACIÓN Y DISEÑO DE VIDEOJUEGOS: HERRAMIENTAS DE APRENDIZAJE LÚDICO EN LAS AULAS

Alfonso Chaves-Montero

Universidad de Huelva, España

Resumen

Los videojuegos superan los contextos de ocio y se pueden considerar como hipertextos lúdicos, que configuran modelos de aprendizaje y favorecen el desarrollo y adquisición de determinadas competencias y habilidades mediante la formulación de prácticas formativas que transcienden a las tradiciones.

La presente ponencia pone de manifiesto la aplicabiblidad de los videojuegos desde el punto de vista educativo, ofreciendo a los docentes orientaciones para su incorporación en el aula. Los videojuegos son una herramienta de ayuda para la evaluación de la enseñanza-aprendizaje de los alumnos con el fin de facilitar su integración curricular y aprovechamiento didáctico a través de tres grandes dimensiones de análisis que pueden ser utilizadas, a su vez, para el diseño de videojuegos educativos.

El texto, presentará diferentes herramientas educativas para el aprendizaje lúdico, que pueden ser exportados y reutilizados en otros contextos y situaciones formativas. Compartir e intercambiar estos objetos de aprendizaje de carácter lúdico a través de comunidades de práctica supone para el profesorado un gran apoyo y una fuente de recursos importante.

Palabras claves

Videojuegos, gamificación, aprendizaje-lúdico, enseñanza, evaluación, diseño de herramientas educativas.

1. Introducción

El siguiente texto versa sobre las posibilidades que el mundo del videojuego introduce en el campo educativo. Se aleja de las discusiones sobre los efectos perniciosos que los videojuegos tienen sobre la socialidad de los jóvenes alrededor del mundo. ¿Qué es un videojuego educativo? ¿Qué se aprende jugando a videojuegos? Éstas son algunas de las preguntas que deben empezar a esclarecerse para plantear una discusión seria sobre las posibilidades y los límites de este nuevo medio en el ámbito educativo.

Las posibilidades de incorporar los videojuegos como herramienta pedagógica han sido discutidas a partir de su irrupción en la vida cultural a mediados de los ochenta. Desde el mundo educativo se entendió que los videojuegos permitían vincular a las nuevas generaciones, nacidas en la era digital, con los programas pedagógicos clásicos. Además, se interpretó que esa operación no generaría excesivos problemas, ya que la utilización de juegos es una herramienta ampliamente explorada en el ámbito educativo. Sin embargo, cuando se analizan las experiencias educativas con videojuegos aparecen más sombras que luces.

Muchas de estas sombras se han generado por la falta de reflexión acerca del medio y su potencial real. El videojuego es un juego, pero incorpora una serie de mecanismos que lo diferencian de otros y lo hacen más complejo (Álvarez, 2013). Esta falta de reflexión y entendimiento del medio ha provocado que las esperanzas sobre las posibilidades pedagógicas de los videojuegos se hayan enfriado. En las siguientes páginas analizaremos las experiencias en el medio educativo y las oportunidades que los videojuegos ofrecen en este ámbito.

También hay que aclarar que cuando hablamos de educación se va más allá del recinto de la escuela para adentrarse en otras instituciones que, en algún momento, necesitan formar a sus usuarios o empleados (Earp, Ott, Popescu, Romero & Usart, 2014). Las posibilidades de transmitir algún tipo de conocimiento no se restringen a la escuela y que los videojuegos son un buen medio para desarrollar otras habilidades y difundir un conocimiento explícito. Así, existe un amplio abanico de opciones en la utilización del videojuego dentro del mundo educativo que no siempre se han diferenciado y entendido (Marín & Ramírez, 2012). Hay que comprender cuáles son las mecánicas de juego y los procesos de aprendizaje que cada videojuego propone para poder adaptarlo a las necesidades educativas de cada institución, sea ésta escolar o no.

Fuente: https://goo.gl/akHxLi

2. Marco conceptual

2.1. El juego más allá del entretenimiento

El juego ha sido siempre una actividad tratada como un entretenimiento, tiempo éste dedicado a "distraerse" de las ocupaciones serias de la vida. Tiempo dedicado a "perderse" en cosas no productivas, incluida la educación, para proporcionar una diversión a niños y adultos. Una especie de tiempo muerto en las obligaciones productivas de la vida diaria. Desde hace muchos siglos, el juego ha sido una forma de educación e instrucción más, ejercicio básico para entender parte de ese adiestramiento social que las diferentes culturas han dotado a sus miembros. Sin profundizar en las complejas reflexiones sobre los juegos en las sociedades, podemos definir de modo sintético al juego como una actividad voluntaria, fundamentalmente social, en la que se está en relación con otros y en la que se aprenden pautas de comportamiento y valores (Huizinga, 1996; Gros, 2000; Gee, 2004). Incluso hay quien ha ido más allá y ha puesto en el centro mismo de la constitución de todas las sociedades las distintas formas de juego como impulsoras de éstas (Caillois, 1986).

En cuanto a la parte que tiene que ver con el aprendizaje, hay autores como Crawford (1982) que le otorgan al juego un valor inconsciente respecto al hecho de aprender. Aunque se piense que sólo es una diversión, un entretenimiento, se juega básicamente porque aprendemos y eso nos gusta. Incluso, desde un punto de vista más integral, el juego ha sido visto como un vehículo de desarrollo integral, como comenta Latorre (2003):

> "El juego es un medio fundamental para la estructuración del lenguaje y el pensamiento, actúa sistemáticamente sobre el equilibrio psicosomático; posibilita aprendizajes de fuerte significación; reduce la sensación de gravedad frente a errores y fracasos; invita a la participación activa por parte del jugador; desarrolla la creatividad, competencia intelectual, fortaleza emocional y estabilidad personal. En fin, se puede afirmar que

jugar constituye una estrategia fundamental para estimular el desarrollo integral de las personas en general" (Marcano, 2008, p. 97).

Estas definiciones se basan en todo tipo de juegos, pero si se centran en los videojuegos, observamos que, aparte de estas características ya mencionadas para todos los juegos, se adquieren otro tipo de habilidades. Quizás el efecto más claro de su potencial formativo se produce en la adquisición de competencias digitales; es decir, en el contexto tecnológico y digital de las sociedades actuales, la mayoría de los niños accede por primera vez al universo digital a partir de los videojuegos. Así, desarrollan competencias propias de la alfabetización digital de manera recreativa y lúdica, las cuales les sirven para iniciarse en el manejo de las interfaces gráficas y las lógicas del mundo digital. Aun así, hay que advertir que el uso del videojuego para el entretenimiento no parece asegurar una transferencia de los aprendizajes digitales, sino que aumenta las posibilidades respecto a los que no juegan (UCL, 2008).

De modo específico, varias investigaciones demuestran las ventajas de los videojugadores en cuanto al desarrollo de sus habilidades respecto a los no videojugadores (Schaaf, 2012). Algunas de estas habilidades de las que hablan las investigaciones son el desarrollo de la coordinación ojo-mano, mayor agudeza visual, rapidez de reacción y capacidad de atención a múltiples estímulos (Green & Bavelier, 2006).

Otras investigaciones han encontrado que los videojugadores tienen más facilidad para relacionarse con los otros; están más motivados hacia la consecución de objetivos y tienen mayor tolerancia a la frustración (Pérez, 2005). Incluso mejora la capacidad para asumir riesgos, resolver problemas y tomar decisiones (Li, Ma & Ma, 2012; Winn, 2002). Aunque quizás el valor más importante que incorporan los videojuegos es que aportan experiencias en modelos o simulaciones basados en la vida real. Como indica Gros (2000), "en todos los casos, un factor fundamental de los videojuegos es que proporcionan un entorno rico de experimentación en primera persona. El jugador interactúa con el contexto creado, toma decisiones y percibe inmediatamente las consecuencias" (p. 253).

Fuente: https://goo.gl/KZnuXE

Uno de los problemas más importantes a la hora de introducir videojuegos en los procesos de aprendizaje ha sido conservar el elemento lúdico, su diversión. Se ha potenciado su misión transmisora de cierto conocimiento en detrimento de lo lúdico; es decir, en el contexto educativo se ha antepuesto la transmisión de cierto contenido curricular a través de los contenidos más que en el aprendizaje producido por la experiencia de juego (García, Cortés y Martínez, 2011). En el primer caso, la transmisión de contenidos, los videojuegos son una buena herramienta, pero pierden parte de su capacidad de divertir si sólo se convierten en meras historias narradas. En cambio, si en lo que se centra la transmisión de conocimiento no es en algo explícito, como ciertas fechas o personajes históricos, sino en decisiones sobre reglas implícitas que hay que tomar para poder avanzar en el videojuego, se producen aprendizajes mucho más profundos sin perder la parte lúdica.

Objetivos Generales

Las nuevas metodologías han llegado para quedarse. La nueva forma de entender la educación como algo en continuo cambio ya no puede esperar más y cientos de docentes en nuestro país optan por formarse y aplicar estas nuevas metodologías activas.

El Aprendizaje Basado en Juegos (ABJ o GBL, en inglés) y la Gamificación (o Ludificación) son dos muestras más que reales para comprobar que su manera de actuar en nuestro alumnado es efectiva y, además, reconocidas por las instituciones educativas.

Método

La metodología utilizada fomenta en el alumno la participación, motivación, empoderamiento, etc. Además de cumplir perfectamente con a la regulación LOMCE en sus orientaciones metodológicas: "El aprendizaje debe desarrollar una variedad de procesos cognitivos. El alumnado debe ser capaz de poner en práctica un amplio repertorio de procesos, tales como: identificar, analizar, reconocer, asociar, reflexionar, razonar, deducir, inducir, decidir, explicar, crear, etc., evitando que las situaciones de aprendizaje se centren, tan solo, en el desarrollo de algunos de ellos. ¿Qué mejor forma de seguir estas indicaciones que jugando? Un colegio de juegos es un proyecto que realizo en mi centro desde hace varios cursos. Con este proyecto intento que el juego sea uno de los ejes del aprendizaje en nuestras aulas. Podemos definirlo como, en líneas generales, el uso del juego como método de aprendizaje, fomentador de la creatividad y agente socializador.

El juego está presente en nuestro Plan de Centro para mejorar y conseguir, entre otros objetivos el desarrollo de las competencias clave, habilidades lingüísticas, el uso de las TIC, la lectura comprensiva, aprender a aprender, mejorar la socialización entre iguales, acercamiento del mundo empresarial, entrenar la competitividad, la cooperación, la atención a la diversidad, mejorar las inteligencias múltiples, etc.

¿Cómo hacemos esto en el día a día de nuestro centro? El proyecto ha tenido varias fases en el que hemos logrado crear estas líneas de actuación:

- Ludoteca escolar: en los recreos y en las sesiones-taller de las aulas.
- Canal Youtube escolar sobre juegos de mesa.
- Proyectos de Gamificación: "Cazadores de monstruos".
- Proyecto Andalucía Profundiza (Consejería de Educación): "Desarrollo de las inteligencias múltiples con juegos de mesa".
- Proyecto Andalucía Profundiza (Consejería de Educación): "Creación de aplicaciones y juegos con Scratch".
- Taller de creación y elaboración de materiales didácticos: "Monster Kit", "Malos Constructores", "Mega cubo de historias", "Time Line Marchena", etc.
- Plan de Convivencia y prevención de acoso escolar: juego "Redes".
- Ajedrez escolar.
- Concurso de creación de juegos de mesa.
- El deporte en la escuela.

Todas estas acciones son ejemplos de cómo podemos aplicar el Aprendizaje Basado en Juegos (ABJ) o la Gamificación en nuestras aulas. No hace falta hacer un proyecto que englobe a todo el centro, a todo un curso… aunque siempre es aconsejable el trabajar de forma globalizada y competencial. Estas metodologías se pueden utilizar perfectamente en algún desarrollo de unidad didáctica e incluso en una sesión puntual para mejorar algo en concreto.

Resultados

Cada vez parece más claro que hay que alejarse de la simplificación que se ha hecho del videojuego como herramienta educativa. No se puede pensar en él como un medio para transmitir conocimientos de modo tradicional, ni tampoco como una nueva forma tecnológica de reproducir información lineal. Cuando se habla de los videojuegos, hay que entender cuáles son sus particulares maneras de inmersión y transmisión de conocimientos. Ya no está delante del jugador un texto que puede ser leído de principio a fin, sino un cibertexto (Aarseth, 1997) que obliga a explorar y configurar sus posibilidades, a fin de cuentas, un juego.

Si se hace referencia a los serious games, sus mayores ventajas para la formación se encuentran en dos líneas diferentes señaladas por Prensky (2001). En primer lugar, porque se adquieren atributos y técnicas particulares que ayudan a comprender mejor y más rápido conceptos y procesos complejos. En segundo, aumentan el compromiso de los estudiantes en su formación debido a la motivación que se genera al lograr el éxito en el juego. En resumidas cuentas y utilizando las palabras de Marcano (2008), "resultan eficientes y además económicos" (p. 104). De todos modos, a la hora de la aplicación concreta de estos videojuegos serios en contextos educativos se deben atender otros factores más contextuales y de aprendizaje más complejos, como comenta Gros (2009).

Uno de estos enfoques es el de Gee (2003), a partir de su idea de los dominios semióticos compartidos. Esto significaría que para jugar a videojuegos hay que compartir conocimientos, habilidades, herramientas y recursos para desarrollar una experiencia de juego. Lo anterior desplaza la idea de que el videojuego es una labor individual que pasa a situarse en una labor colaborativa de elementos para avanzar en su conocimiento. "El alumno debe aprender no sólo los significados de un dominio particular de conocimiento, sino que, además, debe pensar sobre el dominio a un nivel meta" (p. 23).

Los videojuegos presentan un contexto de aprendizaje que colocan al jugador en un mundo concreto, con sus reglas que obligan a entender y aprender con los otros jugadores para poder continuar y avanzar. Shaffer, Squire, Halverson y Gee (2005) lo explican así: "[los videojuegos] hacen posible la creación de mundos virtuales y, debido a que los jugadores actúan en esos mundos, se hace posible el desarrollo de acuerdos situados a partir de prácticas sociales, identidades de gran alcance, valores compartidos y formas de pensar importantes en las comunidades de práctica" (p. 7). No se trata de un aprendizaje lineal, sino contextual. No es una cuestión de conocimientos que se transmiten desde el videojuego al jugador; más bien es la interacción entre el juego, sus reglas y el contexto de los jugadores la que generaría la posibilidad de un conocimiento concreto.

Otra línea interesante es la que explora la inmersión del jugador en el videojuego. Los mundos inmersivos van más allá del aprendizaje con videojuegos, pero en ellos se puede desarrollar de forma más completa en la actualidad (De Freitas & Oliver, 2006). El aprendizaje inmersivo es una característica fundamental de los videojuegos, porque proporcionan una combinación de vivencia, toma de decisiones y análisis de las consecuencias muy prometedoras respecto al mundo educativo.

El mismo Prensky (2001) habla de la posibilidad de un aprendizaje complejo a partir del uso de videojuegos en el mundo educativo. En primer lugar, el aprendizaje que tiene lugar en un videojuego consistiría en controlar la interacción con la pantalla. Esta forma de aprender se lleva a cabo con base en la repetición: uno aprende al probar las opciones que van surgiendo y reconocer las que le permiten avanzar dentro de él. En segundo lugar, aparece el aprendizaje relacionado con las reglas del videojuego. Las reglas implican la normativa, muestran lo que está permitido y no; en este nivel las normas suelen aprenderse por ensayo y error. El jugador descubre lo que se puede hacer o no para avanzar y conseguir los objetivos que el videojuego le marca.

En tercer lugar, los jugadores deben generar una estrategia, aprenderla a medida que avanzan en su complejidad y, poco a poco, controlar esas situaciones. Las estrategias que los jugadores pueden aplicar varían dependiendo del videojuego y las consecuencias buscadas en cada etapa. En último lugar, los jugadores perciben también las diferentes visiones culturales sobre el mundo que el videojuego les muestra. Principalmente en videojuegos de simulación social, como Los Sims (Wright & Humble, 2000), se presenta un modelo social que reproduce los valores occidentales de comportamiento en una sociedad de consumo. Incluso en otros videojuegos, como Imperium IV (2005), las estrategias que contribuyen a que el jugador avance, aun representando culturas distintas, son las del utilitarismo pragmático de inspiración norteamericana.

Así, podemos ver los diversos enfoques a la hora de entender las formas de aprender con videojuegos. Esta disparidad ha originado un abanico bastante grande dentro de las investigaciones acerca de la aplicación de los videojuegos en el contexto educativo, sobre todo en la escuela (Bourgonjon, Valcke, Soetaert & Schellens, 2010). Algunos de los aspectos en que se han centrado esas investigaciones se relacionan con la capacidad del videojuego para promover la motivación (Becta, 2001; Prensky, 2002). Otros estudios han profundizado en la capacidad del videojuego respecto a la implicación del estudiante (Kafai, 2001) y la capacidad del videojuego como elemento de alfabetización digital (Gee, 2003).

Asimismo, se han indagado las posibles relaciones del uso de los videojuegos con el rendimiento académico (Mitchell & Savill-Smith, 2005), aunque, como ya comentamos, no hay una evidencia de que su uso mejore o empeore de forma significativa los resultados académicos (Cagiltay, Ozcelik & Ozcelik, 2015). Incluso podemos añadir que es difícil encontrar esas evidencias empíricas sobre las posibles ventajas en los resultados académicos de los videojugadores si se sigue aplicando la medición de las mismas variables que en los estudios pedagógicos tradicionales (Kafai, 2001).

Otro de los puntos más importantes al analizar las experiencias educativas con videojuegos es el papel de los profesores, incluso muchos investigadores los sitúan como el principal freno para su posible aplicación (De Freitas & Oliver, 2006; Gros & Garrido, 2008). El rechazo de muchos profesores al uso de los videojuegos en el aula no es el único responsable de la problemática como comentan Sandford, Ulicsak, Facer y Rudd (2006) en un estudio que analiza algunas experiencias con profesores de primaria. Estos autores señalan la planificación de los horarios fijos y la división por materias como los elementos que dificultan la aplicación efectiva de los videojuegos en cuanto a herramienta pedagógica, ya que los videojuegos necesitan una visión y planificación más interdisciplinar para que puedan desarrollarse plenamente.

Volviendo al papel del profesor, aparece el miedo al uso del videojuego por parte de los docentes. Esta desconfianza ocasiona que se confunda el papel del educador respecto a la introducción del videojuego en el aula. Sandford et al. (2006) declaran:

El uso exitoso del videojuego en el aula se debe mucho más a la habilidad del profesorado para integrar nuevos conocimientos en el currículum que a la habilidad de utilizar el videojuego. En todos los casos, se evidencia que el profesor juega un papel central en el apoyo del aprendizaje de los estudiantes, más allá de los elementos operativos del uso del juego (p. 4).

Discusión y conclusiones

Estas diferentes experiencias y estudios sobre la introducción de los videojuegos como herramienta educativa revelan que hay que cambiar la forma de trabajar con ellos. Los videojuegos generan un modo particular de aprendizaje que puede aplicarse en el trabajo en el aula de manera similar al que se utiliza para desarrollar proyectos colaborativos (Marín & Martín, 2014). Las capacidades y habilidades que hay que fomentar para avanzar en el videojuego tienen que ver con capacidades como la autonomía; la organización y gestión de cada grupo de trabajo en torno a un problema; el establecimiento de objetivos específicos; la responsabilidad compartida con los compañeros; y el seguimiento del proceso entre todos los alumnos (Gros, 2009).

Así, el videojuego es la excusa para acercarse a un tema o problema que se quiera tratar en el aula. El interés del videojuego como herramienta pedagógica estará centrado no tanto en la consecución de victorias o avances, sino en la resolución del problema que presenta el videojuego. Esto obligará a los alumnos a concebir estrategias de investigación y exploración conjunta para poder avanzar dentro del videojuego (Morales, 2013).

El videojuego como herramienta pedagógica debe ser abordado a partir del objetivo para el cual quiere ser utilizado. Si lo que se desea es crear ese trabajo en equipo, capacidad de resolución de problemas y generar diferentes perspectivas sobre un problema concreto, el videojuego puede ser una buena herramienta (Del Moral, Guzmán y Fernández, 2014). También puede ser una buena opción si lo que interesa es transmitir ciertos conocimientos con base en la simulación como ocurre con videojuegos para la salud.

Las variedades de videojuegos y usos para la formación son muy complejos; hay que pensar a dónde se quiere llegar y de qué manera para poder utilizarlos como herramienta educativa. Estos intentos de introducción del videojuego en el marco educativo muestran que su potencia para transmitir conocimientos es más sutil que en otros medios. La capacidad de incitar el proceso enseñanza-aprendizaje va a estar más allá de la narración de una historia o ciertos conceptos (Imaz, 2011). El videojuego se convertirá en un texto (cibertexto) en el cual se pondrán en juego más discursos de los que aparentemente se declaran. Las mecánicas de juego y la experiencia que provocan en el jugador serán las verdaderas formas de educar que los videojuegos proponen.

Así, debe plantearse un modo distinto de aprender a través de videojuegos, prácticas propias que el videojuego presenta y que aún no han sido aplicadas con éxito en la mayoría de ámbitos formativos (Demirbilek, 2010). Existen dimensiones en las cuales los videojuegos parecen aportar elementos interesantes en la formación, como el desarrollo personal y social; el conocimiento y comprensión del mundo; la adquisición del lenguaje y la alfabetización; el desarrollo creativo y el desarrollo físico (Eguía, Contreras-Espinosa y Solano-Albajes, 2012).

En los últimos años, incluso, parece haber sido superado el concepto de serious games con el surgimiento de la gamificación, mediante la cual ya no se buscaría utilizar los videojuegos en entornos de aprendizaje, sino la incorporación de las mecánicas lúdicas al resto de actividades con el objetivo de hacerlas más atractivas (Gallego, Villagrá, Satorre, Compañ, Molina y Llorens, 2014). De hecho, los procesos de gamificación son el reconocimiento de las propiedades positivas de las características propias de las dinámicas lúdicas que los videojuegos introducen en la formación.

En conclusión, podemos definir una serie de líneas que marcan la situación actual de la utilización de los serious games en la investigación educativa (Rodríguez-Hoyos & Gomes, 2013). En primer lugar, analizar el impacto de los serious games en los resultados educativos para poder definir los criterios de diseño de este tipo de artefactos. En segundo, la constatación de la diversidad de disciplinas que abordan la investigación sobre su utilización en los procesos educativos, como la psicología, la pedagogía o la publicidad. Por tanto, emerge la ausencia de enfoques interdisciplinarios propios para abordar estos procesos complejos.

En tercer lugar, las limitaciones de las investigaciones debido a su carácter local y muestra restringida, lo que dificulta el estudio más allá de las experiencias concretas ante la falta de un análisis transversal de estas experiencias en el tiempo. En cuarto, el interés en utilizar videojuegos comerciales en las aulas en vez de crear productos ad hoc para situaciones concretas. Esta utilización permitiría reducir costos y aprovechar las ventajas de popularidad y accesibilidad y, al mismo tiempo, no reduciría sus posibilidades formativas. Finalmente, en quinto lugar, el uso de esos videojuegos comerciales no afectaría a una de las potencialidades principales de los videojuegos como herramienta: el trabajo colaborativo en los procesos educativos.

Referencias bibliográficas

Aarseth, E. (1997). Cybertext: perspectivas on ergodic literature. Londres: Johns Hopkins University Press.

Abt, C. (1970). Serious games. Nueva York: Viking Press.

Álvarez, F. (2013). Uso de videojuegos educativos, caso de estudio: México. Revista Iberoamericana para la Investigación y el Desarrollo, vol. 10.

Álvarez, J. & Rampnoux, O. (2007). Serious game: Just a question of posture? Artificial & Ambient Intelligence, pp. 420-423.

Annetta, L., Minogue, J., Holmes, S. & Cheng, M. (2009). Investigating the impact of video games on high school students' engagement and learning about genetics. Computers & Education, vol. 53, núm. 1, pp. 74-85.

Azorín, J. (2014). El videojuego musical ¿un recurso para la educación musical en educación primaria? Ensayos, vol. 29, núm. 2, pp. 19-36. Recuperado de http://www.revista. uclm.es/index.php/ensayos.

Becta (2001). Computer games in education project. Recuperado el 6 de diciembre de 2010 de http://www.becta.org.uk

Bourgonjon, J., Valcke, M., Soetaert, R. & Schellens, T. (2010). Students' perceptions about the use of video games in the classroom. Computers & Education, vol. 54, núm. 4, pp. 1145-1156.

Cagiltay, N., Ozcelik, E. & Ozcelik, N. (2015). The effect of competition on learning in games. Computers & Education, vol. 87, pp. 35- 41.

Caillois, R. (1986). Los juegos y los hombres. La máscara y el vértigo. México: FCE (original 1957).

Crawford, C. (1982). The art of game design. Recuperado el 10 de noviembre de 2010 de http://www.vancouver.wsu.edu/fac/peabody/game-book/Coverpage.html

De Freitas, S. & Oliver, M. (2006). How can exploratory learning with games and simulations within the curriculum be most effectively evaluated. Computers and Education, vol. 46, pp. 249-264.

Del Moral, M., Guzmán, A. y Fernández, L. (2014). Serious games: escenarios lúdicos para el desarrollo de las inteligencias múltiples en escolares de primaria. e-EDUTEC, vol. 47, pp. 1-20.

Demirbilek, M. (2010). Investigating attitudes of adult educators towards educational mobile media and games in eight European countries. Journal of Information Technology Education, vol. 9, pp. 235-247.

Earp, J., Ott, M., Popescu, M., Romero, M. & Usart, M. (2014). Supporting human capital development with serious games: An analysis of three experiences. Computers in Human Behaviour, vol. 30, pp. 715-720.

Eguía, J., Contreras-Espinosa, R. y Solano-Albajes, L. (2012). Videojuegos: conceptos, historia y su potencial como herramienta para la educación. 3ciencias. Recuperado en 25 de noviembre de 2015 de http://www.3ciencias.com/articulos/articulo/videojuegos-conceptoshistoria-y-su-potencial-como-herramienta-para-la-educacion/

Firaxis (2005). Civilitation IV. 2K Games.

Frei, M. (2005, mayo). Videojuegos para los veteranos de Irak. BBC mundo.com. Recuperado el 10 de noviembre de 2010 de http://news.bbc.co.uk/hi/spanish/science/newsid_4562000/4562725.stm

Gallego, F., Villagrá, C., Satorre, R., Compañ, P., Molina, R. y Llorens, F. (2014). Panorámica: serious games, gamification y mucho más. ReVisión, vol. 7, núm. 2, pp. 13-23.

García, M., Cortés, S. y Martínez, R. (2011). De los videojuegos comerciales al currículum escolar. Las estrategias del profesorado. Revista Icono 14, vol. 9 núm. 2, pp. 249-261.

Gee, J. (2003). What video games have to teach us about learning and literacy. Nueva York: MCMillan.

Green, S. & Bavelier, D. (2006). Effect of action video games on the spatial distribution of visuospatial attention. Journal of Experimental Psychology: Perception and Performance, vol. 6, núm. 32, pp. 1465–1478. Recuperado el 9 de noviembre de 2010 de http://www.bcs.rochester.edu/people/daphne/csg_JEPHPP_06.pdf

Gros, B. (2000). La dimensión socioeducativa de los videojuegos. Edutec. Revista Electrónica de Tecnología Educativa, vol. 12. Recuperado el 9 de noviembre de 2010 de http://edutec.rediris.es/Revelec2/Revelec12/gros.pdf

Gros, B. & Garrido, J. (2008). The use of video games to mediate curricular learnng. DIGITEL, Proceedings of the 2008 Second IEEE International Conference on Digital Game and Intelligent Toy Enhanced Learning, pp. 170-176.

Hiles, J. & Sim, M. (1994). Sim Healt. EUA: Maxis Software.

Huizinga, J. (1996). Homo ludens. Madrid, España: Alianza Editorial (Orig. 1954).

Imaz, J. (2011). Pantallas y educación: adolescentes y videojuegos en el País Vasco. Teoría Educativa, vol. 23, pp. 181-200.

Iverson, K. (2005). E-learning games: Interactive learning strategies for digital delivery. Nueva York: Pearson Prentice Hall.

Kafai, Y. (2001). Affordances of collaborative software design planning for elementary students' science talk. The Journal of the Learning Sciencies, vol. 3, núm. 10, pp. 323-363.

Kelma, N. (2005). Video game art. Nueva York: Assouline.

Li, J., Ma, S. & Ma, L. (2012). the study on the effect of educational games for the development of students' logic-mathematics of multiple intelligence. Physics Procedia, vol. 33, pp. 1749-1752.

Marcano, B. (2008). Juegos serios y entrenamiento en la sociedad digital. Revista Electrónica Teoría de la Educación: Educación y Cultura en la Sociedad de la Información, vol. 9, núm. 3, pp. 93-107.

Marín, V. & Martín, J. (2014). Can videogames be used to develop the infant stage educational curriculum? New Approaches in Educational Research, vol. 3, núm. 1, pp. 20-25.

Marín, V. y Ramírez, A. (2012). Posibilidades educativas de los videojuegos y juegos digitales en educación inclusiva. En V. Marín (coord.). Los videojuegos y los juegos digitales como materiales educativos (pp. 165-191). Madrid: Síntesis.

Michael, A. & Chen, S. (2006). Serious games: Games that educate, train and inform. Boston: Thomson Course Technology.

Mitchell, A. & Savill-Smith, C. (2005). The use of computer and video games for learning. A review of the literature. Londres: Learning and Skills Development Agency.

Morales, J. (2013). El diseño de serious games: una experiencia pedagógica en el ámbito de los estudios de Grado en Diseño. Digital Education Review, vol. 23, pp. 99-115. Recuperado de http://revistes.ub.edu/index.php/der/article/view/11289

Pérez, J. (2005). Los videojuegos mejoran la sociabilidad y las "habilidades directivas". Recuperado el 9 de noviembre de 2010 de http://www.cadenaser.com/articulo.html?xref=20051222csrcsrtec_2&type=Tes

Prensky, M. (2001). Digital game-based learning. Nueva York: McGraw-Hill.

Rodríguez-Hoyos, C. y Gomes, M. (2013). Videojuegos y educación: una visión panorámica de las investigaciones desarrolladas a nivel internacional. Profesorado, vol. 17, núm. 2. Recuperado el 25 de noviembre de 2015 de http://www.ugr.es/local/recfpro/rev172COL14.pdf

Sandford, R., Ulicsak, M., Facer, K. & Rudd, T. (2006). Teaching with games: Using comercial off-the-shelf computer games in formal education. Bristol: Futurclab.

Sawyer, B. & Smith, P. (2008). Serious games taxonomy. Serious games. Recuperado el 10 de noviembre de 2010 de http://www.seriousgames.org/presentations/serious-games-taxonomy-2008_web.pdf

Schaaf, R. (2012). Does digital game based learning improve student time-on-task behavior and engagement in comparison to alternative instructional strategies? Canadian Journal of Action Research, vol. 13, núm. 1, pp. 50-64. Recuperado de http://cjar.nipissingu.ca/index.php/cjar/article/view/30/27.

Selva, D. (2009). El videojuego como herramienta de comunicación publicitaria: una aproximación al concepto de advergaming. Comunicación, vol. 1, núm. 7, pp. 141-166.

Shaffer, D., Squire, K., Halverson, R. & Gee, J. (2005). Video games and the future of learning. University of Wisconsin-Madison, Working Paper (4).

Shilling, R., Zyda, M. y Wardynski, C. (2002). Introducing emotion into military simulation and videogame desing: America's Army. Operations and VIRTE. Recuperado el 10 de noviembre de 2010 de http://gamepipe.edu/~zyda/pubs/ShillingGameon2002.pdf

Solano, C., Forero, G., Cavanzo, G. & Pinilla, J. (2013). Concepcioni: videojuego educativo para la enseñanza del proceso de concepción humana. Tecnura, vol. 17, núm. 2, pp. 90-99.

UCL-Ciber Group (2008). Information behaviour of the researcher of the future. University. College London Ciber Group. Recuperado el 9 de noviembre de 2010 de http://jisc.ac.uk/

VV. AA. (2010). Real Lives 2010. Educational Simulation: California.

Wayne, F. (2003). El empleo de ejercicios de decisión tácticas para estudiar la táctica. Military review. Recuperado el 10 de noviembre de 2010 de http://usacac.army.mil/cac/milreview/spanish/JulAug03/brewster.pdf

Winn, W. (2002). What can students learn in artificial environments that they cannot learn in class? University of Washington. Recuperado el 9 de noviembre de 2010 de http://faculty.washington.edu/billwinn/papers/turkey.pdf

Wright, W. & Humble, L. (2000). Los Sims. EUA: Electronics Arts.

CAPÍTULO III

INNOVACIÓN DOCENTE Y APRENDIZAJE LÚDICO EN EL ENTORNO UNIVERSITARIO ESPAÑOL

Dr. Ignacio Aguaded
Universidad de Huelva, España

Sheila Peñalva
Universidad de Zaragoza, España

Resumen

El objetivo nuclear del estudio nos ha obligado a indagar cómo los docentes de las universidades españolas aplican el método del juego en sus clases para obtener óptimos resultados en la enseñanza-aprendizaje, una técnica que los expertos estadounidenses denominaron *gamification*. Los resultados del informe de investigación se han basado en una metodología cualitativa basada en entrevistas en profundidad a profesores universitarios del norte de España, vinculados a la Comunicación y la Educación. En este sentido, la muestra quedó constituida por seis docentes. Se utilizó la estrategia de muestreo intencional para la elección de las universidades que habían sido mejor situadas académicamente, según los datos ofrecidos por la clasificación del Ranking de Universidades Españolas 2017 de *El Mundo*. Para la selección de los docentes se tuvo en cuenta su nivel de producción científica y su vinculación con la gamificación e innovación educativa. De los resultados se demuestra la alta efectividad de la gamificación como método de enseñanza-aprendizaje, siempre que se combine con otras metodologías de enseñanza activa.

Palabras claves

Gamificación, innovación educativa, TIC, enseñanza-aprendizaje, universidad.

Introducción

En la era actual, el despliegue de la cultura de la participación no solo ha conseguido remodelar la forma de interacción de los usuarios, sino también el modo en que interpretan la realidad. Como consecuencia, proliferan distintas metodologías de aprendizaje como la flipped classroom, el modelo e-learning, blended learning, el aprendizaje lúdico y el aprendizaje basado en los retos (CBL). Estas evidencias no solo afectaron a los procesos de enseñanza, sino que desestabilizaron los principios axiológicos sobre los que debe guiarse la formación en la universidad (Cabero, 2010; Aguaded, 2011).

La llegada de la gamificación no solo ha rescatado las mecánicas del juego en la enseñanza, también ha reiterado la importancia de la competencia emocional en el aprendizaje. Joey Lee y Jessica Hammer (2011), profesores de la Universidad de Columbia, consideran que el juego puede invocar una gran variedad de emociones positivas y negativas en los alumnos. Aunque venimos de una larga tradición racionalista, en la cual las emociones siempre han sido las principales enemigas de la razón, el profesor Joan Ferrés (2014) sostiene que la interacción entre la cognición (rutinas, decisiones y discurso) y la emoción (postura corporal, gesticulación y entonación) es indisoluble en el aprendizaje.

Algunos expertos de disciplinas como el marketing y otras del ámbito empresarial (Huotari & Hamari, 2012; Zichermann, 2011) han aplicado la gamificación en sus quehaceres profesionales, y todos coinciden que esa herramienta garantiza un alto porcentaje de motivación dentro de las organizaciones. ¿Ocurre lo mismo en la esfera educomunicativa? Según se desprende de la literatura científica (Villalustre & Del Moral, 2015; Moreneo & Monte, 2011), la gamificación no siempre brinda unos resultados exitosos, especialmente cuando en la educación se utilizan las estrategias del juego de un modo puramente instrumental, imitando el enfoque de los modelos empresariales, orientados a premiar el esfuerzo para obtener resultados positivos de rendimiento y producción. Un objetivo que no necesariamente se preocupa por la formación integral de los individuos, y que, a la larga, podría, incluso, crear unos escenarios de competencia agresiva entre los miembros de un equipo.

Algunas teorías educomunicativas advierten de esa concepción que fomenta la motivación para lograr resultados inmediatos, palpables y medibles, bajo el patrón instintivo y conductual de estímulo-respuesta. El pedagogo Mario Kaplún, que se muestra contrario a ese enfoque y es partidario del modelo humanista, explica que esas estrategias se aprovechan de lo que él ha denominado "la ingeniería del comportamiento" (1998, p.33), y la ilustra haciendo referencia al sistema de aprendizaje de la psicología conductista de Pávlov y su teoría de los reflejos condicionados: los objetivos se presentan en forma de estímulos y de recompensas. En consecuencia, el sujeto actúa de forma impulsiva para adquirir un premio. Es decir, como en las organizaciones mercantiles, las estrategias se basan en la utilización de elementos lúdicos como cebo para que los clientes compren de forma automatizada. De ahí que Kaplún denomine *pseudoparticipación* a la apariencia de cooperación del individuo. Según este autor, si la gamificación solo se orienta a los resultados, las decisiones de una persona no estarían mediadas por la libre elección, sino por la seducción del juego y las estrategias de manipulación psicológica. Por tanto, el uso de la gamificación impulsaría al sujeto a la ejecución de una acción sin conciencia crítica (Morrillas, 2016).

Ese sistema de funcionamiento se puede equiparar con la sociedad radiografiada por Zygmunt Bauman, donde las personas se mueven solo por los estímulos sensoriales (en Gadea, 2011). Como resultado de estos comportamientos, Kaplún (1998) sostiene que el sujeto da respuestas encasilladas, dirigidas y no espontáneas, con lo cual tendría lugar una pseudocomunicación, un esquema sin retroalimentación ni enriquecimiento vital, una realidad que describe el paradigma del politólogo Harold Lasswell (en Martín-Algarra, 2003). De ahí que McGonigal (2011) y Karl Kapp (2012) adviertan a los docentes de que solo utilicen la gamificación cuando se aporten conocimientos y valores personales, algo muy distinto al objetivo de ciertos métodos tradicionales y mecanicistas. En esa misma línea, el profesor Escribano (2013) sostiene que, mal aplicadas, las estrategias del juego en la docencia pueden caer en la trampa de lo que él denomina *ludictadura*: un tipo de gamificación forzosa para inducir comportamientos prediseñados sin que los individuos discutan los porqués de sus actuaciones.

¿Cómo acertar, entonces? Ante la complejidad de llevar a cabo una actividad gamificada, Oriol Ripoll (2006) sugiere que se debe establecer un balance entre los ingredientes del juego, el interés del alumno y el aprendizaje. McGonigal (2011) da un paso más y concreta que las herramientas de gamificación deben poner énfasis en la persona y, por tanto, basarse en un modelo humanista y participativo como el que plantea Kaplún (1998).

No obstante, la gamificación en la enseñanza, por sí misma, no garantiza el cambio de la conducta de los estudiantes. Ni el aprendizaje. De ahí que las mecánicas del juego deban acompañarse de una pedagogía adaptada a los distintos sistemas gamificados (Contreras & Erguia, 2016). Por ello, el reto no estriba tanto en la utilización de las estrategias lúdicas (la tendencia sigue al alza, y el fenómeno acaba de comenzar), sino en una aplicación correcta y razonada, con un proceso previo de planificación, seguimiento, diseño, y realimentación. Por lo demás, que tenga en cuenta la naturaleza de cada asignatura, el campo de conocimiento al que pertenecen las materias, así como los rasgos psicográficos de los estudiantes (personalidad, estilos de vida, intereses, gustos, inquietudes, opiniones, valores, etc.). Si ello no se respeta, seguirá ocurriendo aquello que advertía la profesora Verónica Marín (2015): que parte de la crisis en la educación se produce porque las innovaciones y las metodólogas de enseñanza no están en consonancia con el perfil de alumnos. En consecuencia, los estudiantes seguirán mostrando falta de interés y desmotivación (Zepeda et al., 2016).

Objetivos Generales

Uno de los principales objetivos generales es conocer cuál es el grado de conocimiento y aceptación del término *gamificación* en las distintitas universidades españolas centradas en los estudios de Comunicación y Educación.

El segundo objetivo general consistió en identificar qué opiniones tiene el profesorado español sobre la gamificación y las tecnologías educativas.

Como tercer objetivo tratamos de conocer las experiencias de docentes españoles que apliquen la gamificación en sus clases y describir los resultados de su aplicación en la enseñanza universitaria.

Método

En el estudio se realizaron seis entrevistas en profundidad a docentes universitarios del norte de España, vinculados a la Comunicación y la Educación. Ante el conjunto de evidencias, se utilizó la estrategia de muestreo intencional para la elección de las universidades que habían sido mejor situadas académicamente, según los datos ofrecidos por la clasificación del Ranking de Universidades Españolas 2017 de *El Mundo*[1]. Para la selección de los docentes se tuvo en cuenta los siguientes datos:

- El acceso a las fuentes de información primaria y el nivel de *feedback*.

- Son referentes académicos por su trayectoria profesional.

- Su alto nivel de producciones científicas.

- Han realizado estudios próximos al tema señalado en esta investigación que se abordan: TIC, gamificación, juegos, educomunicación, metodologías docentes, innovaciones educativas, etc.

De esta manera, la muestra quedó constituida por tres investigadores que procedían de la Comunicación (José Luis Orihuela y Ramón Salaverría, de la Facultad de Comunicación de la Universidad de Navarra, y Txema Egaña, de la Universidad de Mondragón), y otros tres del área de Educación (Rosa García, de la Universidad de Cantabria; Marisa Calatayud, de la Universidad Complutense de Madrid; y Joan Ferrés i Prat, de la Facultad de Comunicación de la Universidad Pompeu Fabra de Barcelona).

---

1 Disponible en http://www.elmundo.es/especiales/ranking-universidades/index.html (09/12/17).

Tabla I. Datos psicográficos de los entrevistados

ENTREVISTADOS	Rama de estudios	Universidad donde trabaja	Línea de investigación	Asignatura que imparte	Publicaciones científicas (Índice h)
Dr. Ramón Salaverría	Comunicación	Universidad de Navarra	New Media, comunicación, ciberperiodismo, periodismo online.	Digital News Media Models, Ciberperiodismo. Gestión y desarrollo de nuevos medios.	25
Dr. Joan Ferrés	Educación y Comunicación	Universidad Pompeu Fabra, Barcelona	Competencia mediática y competencia emocional. Socialización mediante procesos emocionales e inconscientes.	Comunicación y Educación.	23
Dr. José Luis Orihuela	Comunicación	Universidad de Navarra	New media, internet, social media y Comunicación.	Comunicación Multimedia y Narrativas Transmedia	21
Dra. Rosa García	Educación	Universidad de Cantabria	Didáctica, metodologías docentes, medios de comunicación, TIC.	Didáctica	12
Dr. Txema Egaña	Comunicación	Universidad de Mondragón del País Vasco	Educación mediática, metodologías cuantitativas, TIC.	Metodología Cualitativa. Deontología de la Información	3
Dra. María L. Calatayud	Educación y Psicología	Universidad Complutense de Madrid	TIC, gamificación, educación especial	Educación Especial	0

Fuente: Elaboración propia.

Como instrumento de recolección de datos se utilizó el programa *Adobe Audición* para registrar las conversaciones por ordenador vía *Skype*. La duración de las entrevistas osciló entre una y dos horas. Para la realización de las entrevistas se utilizó una plantilla que contenía diez bloques temáticos agrupados en los siguientes ítems generales: metodologías docentes, sistema de enseñanza, evaluación y resultados de gamificación. En total, se elaboraron cincuenta preguntas. La información obtenida fue clasificada de acuerdo a los temas abordados.

Resultados

1. El juego, un antídoto contra el hastío

El profesor José Luis Orihuela, doctor en Ciencias de la Comunicación, lleva treinta años vinculado a la Universidad de Navarra. El profesor Orihuela sostiene que la utilización del juego como estrategia docente tiene una explicación histórica y antropológica: "El juego no es un elemento novedoso en la enseñanza. Ha sido la forma tradicional en la que los seres humanos hemos aprendido", afirma. Según su experiencia, el juego permite aprender de los demás, potenciar el funcionamiento social y las capacidades cognitivas. Por ello, Orihuela concibe la gamificación como un motor para dinamizar las aulas universitarias. En sus clases utiliza el juego para mantener la atención de los alumnos, ya que el aburrimiento "es una de las dificultades más grandes que afrontamos los docentes ante el gran bombardeo de estímulos". El profesor Orihuela apuesta por la gamificación de las diferentes asignaturas, asumiendo el reto de atrapar la atención de los alumnos y, por ende, trabajar con estímulos múltiples.

Del mismo modo, Rosa García, profesora de la Facultad de Educación en el Grado de Magisterio de la Universidad de Cantabria, comenzó a introducir desde hace dos años elementos lúdicos en sus clases. Su decisión estuvo motivada por las ventajas que anunciaban diversas investigaciones científicas, lo cual se vio avalado por su propia experiencia. Las dinámicas confirmaron que, a través del juego, "los alumnos disfrutaban y aprendían mucho más. "Desde hace un par de años utilizo distintas técnicas, y herramientas que aportan experiencia lúdica a los alumnos", manifiesta. La profesora entiende el juego como un mecanismo capaz de combatir el tedio de los alumnos y hacer atractivo el proceso de aprendizaje.

En este sentido, Joan Ferrés, docente en la Universidad Pompeu Fabra con más cuarenta años de experiencia en la rama de Comunicación Audiovisual, concuerda en que la motivación es la base del aprendizaje. Por ello, el juego debe aprovechar lo que tiene de motivador y de atractivo para potenciar la enseñanza universitaria. Ferrés, experto en educación y comunicación, considera que, a su juicio, la principal complejidad de una actividad gamificada radica en la capacidad de sintonizar la pasión de los alumnos con el objeto de aprendizaje. Y enfatiza que "para que haya óptimos resultados es imprescindible la integración del juego a través de una estrategia definida de aprendizaje". En este sentido, Ferrés defiende que las actividades gamificadas fomenten la motivación intrínseca sobre la extrínseca, ya que "si consigues más puntuación o nota en una actividad, no implica que sepas más de la materia", declara.

2. El feedback inmediato del juego

Los beneficios del juego en la enseñanza son manifiestos. Su aplicación en la enseñanza posibilita al alumno probar nuevas identidades, además de otorgarle reconocimiento social por los logros académicos adquiridos (Fonseca & Aguaded, 2007). En este sentido, Joan Ferrés considera importante educar y enseñar a los alumnos desde el juego. En su experiencia docente, utiliza los elementos lúdicos en la asignatura Educación y Comunicación Persuasiva. En concreto, aplica juegos de rol para que los alumnos "aprendan la teoría de la comunicación sin sermones". Dentro de esta actividad, el aula se convierte en una redacción de informativos televisivos y los estudiantes universitarios deben asumir el papel de redactores de informativos de televisión para enfrentarse a un reto: elaborar una noticia en un tiempo limitado basándose, en este caso, en 24 imágenes de la Agencia *Reuters*. La dificultad radica en que el alumno debe seleccionar cinco fotos de las 24 presentadas y enfrentarse a un límite de tiempo. El profesor Ferrés explica que esa dinámica consigue incentivar a los alumnos y les despierta la conciencia crítica. "Resulta interesante analizar las distintas visiones que hay detrás de cada una de las elecciones de los estudiantes, y cómo argumentan los porqués de sus decisiones", explica. Ferrés sostiene que el *feedback* inmediato en la enseñanza es lo que más enrique los procesos de aprendizaje-enseñanza, tanto del alumno como del propio docente.

En esta misma línea, Txema Egaña, profesor de la Facultad de Comunicación de la Universidad de Mondragón del País Vasco, explica que sus clases se basan en la implementación del *Challenge Based Learning* (Aprendizaje Basado en Retos). "Se trata de suprimir los exámenes clásicos y que el alumno conduzca su propio aprendizaje", añade. De acuerdo a su visión, en este sistema prima la adquisición de competencias, el proceso de aprendizaje y no tanto la medición de resultados de forma estática y a través de calificaciones numéricas. Con el gran cambio metodológico los protagonistas son los alumnos y no tanto el docente, afirma. Por ello, es el alumno el que trabaja con el profesor para ir creando el camino. "Cada año vamos mejorando y cambiando algunas cosas que pensábamos que funcionaba y no es así", explica. Es por eso que tratan de adaptar el nuevo sistema de enseñanza a las necesidades e inquietudes de los propios alumnos, a través de varios *inputs*.

Los estudiantes deben enfrentarse al reto de elaborar un proyecto durante seis semanas de forma intensiva y tutorizada por un profesor. En el caso de la asignatura que Egaña imparte sobre *Check-in* en la Facultad de Comunicación, señala que se trata de que el estudiante comprenda la importancia de *chequear* la información. Para ello, emplean diversos métodos de aprendizaje a través de retos y diversos juegos en el aula que potencian la experiencia propia a través de la acción. "El aprendizaje a través de un discurso es menor que el adquirido a través de la acción", sostiene.

3. La gamificación como estrategia didáctica en la universidad

El aprendizaje basado en gamificación se puede implementar tanto de forma presencial o a distancia, como en el caso de los cMOOC. Las estrategias del juego se llevan a cabo a través de distintos dispositivos (móvil, tablet, portátil) para fomentar diversas competencias (González & García-Ruiz, 2007). Según algunos autores, las actividades gamificadas pueden aplicarse en momentos determinados o en actividades concretas de forma puntual o en toda la programación del curso académico (Alejaldre y García, 2015).

En el caso del profesor José Luis Orihuela, utiliza la gamificación de forma puntual en las prácticas de sus asignaturas. Durante los años que lleva como docente detectó que el estudiante se implica más en la clase cuando el profesor conecta con su universo de preocupaciones. "El alumno presta menos atención cuando se le hace apagar el móvil y se le obliga a tomar notas de forma escrita y a memorizar teorías", recalca. Por esa razón, Orihuela integra el móvil en sus clases, de modo que "los alumnos tienen libertad para hacer fotos durante las clases y *tuitear* los contenidos", expresa. El profesor de la Universidad de Navarra ha comprobado que la inclusión de los dispositivos móviles facilita que los alumnos enganchen mejor con las temáticas de las asignaturas. "Si el *smartphone* forma parte de su cultura, no se puede educar contra ella", señala.

Orihuela considera que la gamificación puede combatir uno de los grandes problemas de la docencia actual: el aburrimiento y la desmotivación estudiantil. Como paliativo a ese panorama adverso, plantea a sus alumnos el reto de salir al campus universitario con sus móviles. "Los estudiantes quedan sorprendidos cuando les dices que lean las instrucciones que les público en el blog y comiencen la misión: atravesar el campus en busca y captura de fotografías", manifiesta. El docente argentino afirma que el aprendizaje por descubrimiento funciona muy bien con los alumnos porque rompes sus expectativas de estar dos horas sentados en la clase.

En este caso, la misión que les planeta a los alumnos consiste en hacer fotografías en el campus durante un tiempo determinado para luego conectarlas de forma creativa y original a través del *storytelling*. La actividad es medida a través de puntos o estrellas que son colgados en tablones públicos. "Con ello se consigue dos objetivos: por un lado, motivar a los alumnos con una evaluación alejada de los elementos numéricos, y, por otro, fomentar el espíritu de competencia entre los grupos", explica. Además, el profesor Orihuela utiliza la gamificación para la simulación de otras actividades como juegos de rol donde los alumnos deben enfrentarse a la creación de agencias de comunicación, las limitaciones temporales y la consecución de puntos o ranking tras la adquisición de diversas competencias.

En contrapartida, el profesor Ramón Salaverría, profesor en la Facultad de Comunicación de la Universidad de Navarra, expresa que la gamificación no es una herramienta imprescindible en su docencia y, en concreto, en sus asignaturas de Ciberperiodismo. A pesar de ser un docente cuyas asignaturas están vinculadas a las tecnologías, hace poco uso de ellas durante las clases. El *PowerPoint* o herramientas como *Twitter* le bastan para dar una clase magistral y motivar a sus alumnos. Además, se muestra contrario a la utilización de cualquier tipo de extranjerismo –refiriéndose a la palabra *gamificación*– que no sea estrictamente necesario. "Se puede hablar de tecnología, pero siempre respectando las normas de la lengua española", puntualiza. Considera que el éxito de sus clases radica en el uso de otros sistemas clásicos de enseñanza como el método socrático, entre otros. "He tenido la oportunidad de utilizar con *Kahoot* y *Plickers* en mi clase, pero considero que no es lo que más agiliza o dinamiza mi asignatura", aclara.

Ahora bien, Salaverría reconoce que las dinámicas de gamificación tienen un gran componente motivador y pueden generar inclinación hacia la participación. "Las estrategias de gamificación son sistemas ramificados cerrados y en la universidad lo propio es el matiz", expone. En este sentido, considera que la gamificación es una herramienta útil, pero en contextos más ligados al mundo empresarial. "En las áreas de Humanidades la respuesta debe ser argumentada y matizada", manifiesta.

En consonancia con este último apunte de Salaverría, el profesor Joan Ferrés propone que el uso de la gamificación en las asignaturas debe estar dentro de un determinado ecosistema. Para ilustrar la idea anterior, utilizó el siguiente ejemplo: "Si vives un ambiente rural, donde no hay gasolineras, e introduces un coche, al final hará de carro, porque si el ecosistema no cambia el recurso será limitado".

4. La gamificación como metodología de enseñanza

Las tecnologías de la Información y la Comunicación (TIC) han ayudado a traer la gamificación a las aulas. En su práctica, diversos expertos considera que su uso actúa como herramienta capaz de potenciar el área cognitiva, emocional y social de los alumnos (McGonigal, 2011; Kapp, 2012). Desde 2012, se conocen experiencias en la universidad vinculadas con las Ciencias, Ingeniería e Informática. Sin embargo, las facultades de Educación y Comunicación están siendo las últimas en implicarse en su uso, según los datos obtenidos de la revisión empírica.

Uno de esos casos es el de la Facultad de Educación de la Universidad de Cantabria, pionera en la inclusión de técnicas de gamificación en el ámbito de las Humanidades. La investigadora Rosa García utiliza la gamificación en la asignatura de Didáctica en el Grado de Educación Infantil. "Esta materia tiene un temario muy duro. Los alumnos tienen que estudiar las teorías de diferentes modelos didácticos y se les hace muy pesado", comenta. Ante este desafío, la profesora García decidió utilizar técnicas de gamificación, combinándolas con el aprendizaje cooperativo por proyectos. "La gamificación es una parte principal de la asignatura porque garantiza el aprendizaje continuo de los alumnos", afirma. Ella utiliza el programa *Kahoot* a través del móvil. "Al finalizar un tema, se reparten las distintas teorías estudiadas entre distintos grupos de alumnos, y cada equipo debe elaborar unos cuestionarios a través de *Kahoot* o *Socrative* para evaluar al resto", explica. García enfatiza el hecho de que sean los propios estudiantes quienes se evalúen a sí mismos con este procedimiento.

Con este sistema, la profesora García evita que los alumnos dejen de estudiar los temas con anticipación, cuando la experiencia dice que se suele dejar todo para la víspera del examen final. "Los estudiantes trabajan los contenidos de forma continua porque saben que, al finalizar el tema, tendrán que realizar un juego en el que competirán con sus compañeros", precisa. De esta forma, se suprime la presión del examen final y los alumnos son los dueños de su propio aprendizaje. "La gamificación les permite medir cuánto saben, superar temáticas, acumular puntos y avanzar en el aprendizaje de la materia", comenta.

Rosa García considera que lo interesante de este tipo de aprendizaje es combinarlo con la realización de proyectos. "Este año tuve un buen grupo de alumnos y opté por quitar el examen final. A través de la evaluación continua y la gamificación fui valorando quién acertaba las preguntas, el enfoque que les daban, qué tipo de preguntas hacían, cuánto habían leído para redactarlas", aclara. Su principal cometido radica en que los estudiantes aprendan a través de mecanismos distintos a la clásica memorización. Además de hacerles ver a los estudiantes que la universidad no solo consiste en aprobar, sino en aprender. "Siempre que le des al alumno la posibilidad de convertir el material del docente en un nuevo contenido estás garantizando el aprendizaje", explica García.

Por su parte, María L. Calatayud, profesora del máster de Educación Especial de la Facultad de Educación de la Universidad Complutense de Madrid, utiliza la gamificación en sus clases desde el curso 2016. Su aventura con la gamificación comenzó tras su asistencia a un congreso realizado por un instituto madrileño en el que los propios alumnos eran los protagonistas. "Me sorprendió gratamente las experiencias positivas de los estudiantes con el juego y la narrativa en la enseñanza. Por primera vez, en un congreso, los alumnos fueron los participantes", afirma. Fue entonces cuando la profesora Calatayud se replanteó el sistema de enseñanza de sus clases y, tras unos cursos previos, decidió utilizar la gamificación. Por ello, utilizó *Kahoot* para dos finalidades muy concretas: primero, para evaluar los conocimientos previos de los alumnos sobre un tema y medir el nivel de la clase y, por otro lado, para realizar un seguimiento del aprendizaje tras la explicación de cada bloque temático. Según su experiencia, la gamificación ayuda a los alumnos a entrenarse antes del examen final y eliminar la connotación negativa hacia los sistemas de evaluación.

5. Entorno gamificado en la universidad española

En la actualidad, son pocos los docentes que han optado por combinar la gamificación, el espacio virtual y el uso de las TIC para potenciar el proceso de aprendizaje. Uno de ellos es la profesora María L. Calatayud, de la Universidad Complutense de Madrid, quien creó en el año 2015 un entorno gamificado denominado "Los Sabios de la Túnica Color Ciruela"[2] para la asignatura de Intervención Psicológica en Trastornos de Aprendizaje, que imparte en la Facultad de Educación.

El resultado fue una plataforma *online* ambientada en la filosofía y en el pensamiento oriental. "Con la temática de la web se buscaba fomentar el pensamiento reflexivo –propio la cultura oriental– frente al occidental, que es individualizado y consumista", explica. Los alumnos debían convertirse en aprendices, finalmente, en sabios para poder superar la materia. Para ello, "tenían que enfrentarse a distintos niveles, retos, misiones, pero siempre ateniéndose a unas reglas del juego", expresa.

En este caso, cada estudiante diseñó su propio avatar y su alias. Las misiones se realizaban de forma grupal. Además, la web contenía un apartado dedicado a la recopilación de todos los puntos que los estudiantes acumulaban a través de la resolución de los desafíos (actividades), y con la asistencia a clase. Uno de los componentes más importantes en la plataforma gamificada era el factor sorpresa. "Aunque los contenidos estaban previamente definidos en las guías docentes, el factor sorpresa o la novedad en cada una de las actividades disparaba sus niveles de motivación y de atención", explica.

Cabe señalar que, en todo momento, el entorno gamificado estuvo combinado con otros programas como *Aurasma* para potenciar la realidad aumentada. *Edraws* permitió tableros de juego, *Bubbles* facilitaba la creación de mapas conceptuales, *Timeline* para crear líneas de tiempo. Asimismo, la profesora Calatayud utiliza *Telegram* como sistema de conexión directa y rápida con los alumnos. De la misma forma que Rosa García, la profesora Calatayud también combinó la plataforma gamificada con el aprendizaje

---

2 Disponible en línea en: http://mcalatayud.wixsite.com/sabiostunicaciruela (01/05/16).

cooperativo en el aula. Para ello, creó dos grupos. El primero se denominaba "Nodriza", y cada uno de los integrantes del grupo debía trabajar distintos temas; por ejemplo, la memoria, la emoción, la motivación; y cada uno, a su vez, se debía reunir con un grupo denominado el de "Expertos", que estaba conformado por aquellos alumnos que habían trabajado el mismo tema. En este caso, se trata de que entre todos ellos se nutriesen de distinta información para, posteriormente, elaborar una propuesta con su grupo nodriza ante el caso planteado por la profesora. Calatayud también emplea las batallas típicas de los juegos para fomentar la reflexión. La batalla consiste en el enfrentamiento entre distintos grupos. "El tema a debatir y los participantes se decidirán a través de un juego; después los alumnos deberán argumentar ateniéndose a un tiempo", explica. Esta actividad gamificada les da la posibilidad de no tener que examinarse en el examen final, según las batallas que ganen y las temáticas que mejor defiendan.

6. Resultados de las asignaturas gamificadas

Tal y como ilustra Rosa García, profesora de la Universidad de Cantabria, con el uso de la gamificación ha conseguido mejorar el *feedback* en sus clases. "Estos mecanismos permiten detectar quién aprende, quién no, quién necesita más ayuda", señala. Además, asegura que los resultados que están obteniendo en la Facultad de Educación son muy favorables, pese a las dificultades que implica la utilización de un sistema de enseñanza nuevo.

De hecho, al principio los alumnos se sorprenden, pero luego desarrollan distintas competencias como la capacidad de aprender por sí mismos, trabajar en equipo, la capacidad de liderazgo, de diseño, etc. "Es favorecedor para los alumnos que se sientan parte del aula y responsables de su propios aprendizaje, de cara a su futuro desarrollo profesional", afirma. Con respecto al uso de *Kahoot*, la profesora García explica que les enseña a los alumnos a utilizarlo para que ellos mismos elaboren los cuestionarios sobre un tema concreto y, de esta forma, evalúen a sus propios compañeros. "Los alumnos se implican más cuando les muestras que pueden aprender de otra forma y que ello les sirve para su desarrollo posterior", comenta. De hecho, la prueba es que los estudiantes, una vez que abandonan la universidad y comienzan con las prácticas, se ponen en contacto con la profesora Rosa García para preguntarle por más recursos y sistemas de aprendizaje.

Según, el profesor Txema Egaña, de la Universidad de Mondragón, sostiene que las actividades basadas en los retos propios del juego involucran más a los estudiantes con el mundo real. "El *feedback* lo dan ellos mismos entre sus compañeros", explica. Al igual que la profesora García, Egaña resalta que los alumnos están más motivados cuando ellos mismos investigan el temario y encuentran la solución. Dada la complejidad del nuevo sistema de enseñanza, en su universidad se han realizado encuestas a los alumnos para preguntarles si desean volver al sistema antiguo de enseñanza y la respuesta es que el 99% se queda con el nuevo", ejemplifica. El profesor Egaña explica que los resultados han verificado que las metodologías tradicionales reducen los índices de asistencia a clases, lo cual constituye una evidencia de lo que ellos sienten.

La profesora María. L Calatayud matiza que el uso de una herramienta no mejora en sí la calidad de la asignatura. Así que todo dependerá de la utilización que haga el docente y de cómo la vincule con la materia. Pero para llegar a este punto, la profesora Calatayud considera que el docente debe experimentar en las aulas con las distintas técnicas de gamificación y ver qué le funciona mejor y qué no. Dicho de otro modo, se trata de que el docente inicié al alumno en el uso de distintas herramientas, pero será el propio alumno el que descubra cómo aprender mejor.

"Siempre les enseño a manejar distintas herramientas, pero son ellos los que deben dedicarle más tiempo y trabajar de forma autónoma para potenciar su aprendizaje", explica. Por consiguiente, Calatayud intenta innovar su asignatura cada año a través de la combinación de las técnicas de gamificación con el aprendizaje por retos y/o el trabajo cooperativo. En todo caso, la profesora de la Universidad Complutense destaca que los estudiantes llegan a sus clases sin saber distinguir entre fuentes fidedignas y datos falsos de información y, cuando termina el curso, todos dominan las búsquedas en bases de datos y saben contrastar fuentes, los cual les ayuda a crear una opinión sobre algo y a desarrollar el pensamiento crítico.

Para María L. Calatayud resulta claro que el objetivo de la enseñanza es que el alumno aprenda y no que almacene conocimientos que olvidará con facilidad. Con sus estudiantes ha comprobado que, a través de las TIC y de los elementos del juego, se consigue mejorar el rendimiento de los estudiantes y potenciar su creatividad. "Han creado infografías, han diseñado un programa de radio, han editado vídeos". Dicho de otro modo, la profesora considera que las inteligencias múltiples se potencian a través del trabajo cooperativo.

7. El rol del alumno

Diversos autores han tratado de renombrar el rol del alumno de la sociedad en red, al considerar que su papel se ha ido modificando con el desarrollo de internet. Es por ello que han surgido diversos términos para definirlo. Desde la clasificación de Alvin Tofller como *prosumidores*, para referirse a los individuos que producen e interaccionan con sus propios contenidos (Ferrés, 2015).

Sin embargo, el profesor Orihuela sostiene que no hay un cambio en el perfil de los alumnos. "El problema radica en que la enseñanza funciona como el paradigma de Gutenberg y, en realidad, el cerebro de los alumnos nunca fue lineal, siempre fue ramificado", argumenta. Orihuela afirma que el cerebro de cualquier persona funciona de forma muy similar a lo que conocemos como el hipertexto; es decir, una estructura ramificada y multitarea. El profesor argentino considera que la tecnología debería reproducir el modo en que trabaja nuestra cabeza, ya que nunca fue lineal.

En todo caso, Orihuela plantea que se reflexione sobre los procesos educativos y la forma en que se recoge esa riqueza y no machacarla con un sistema completamente lineal de funcionamiento. "La incorporación de los estímulos múltiples permite acercarse más a cómo funciona el cerebro humano", insiste. Más aún, expresa el profesor de Navarra, el estudiante regula su participación en el aula en función del modo en que es evaluado.

 Sin embargo, Txema Egaña, profesor de Periodismo de la Universidad Mondragón, sostiene que, aunque el perfil del alumno es más activo, en la realidad de la clase sucede lo contrario. Explica que a los alumnos les cuesta adaptarse a los sistemas de enseñanza de metodologías activas. Por ello, en su facultad han llevado a cabo un programa de varias semanas para que los alumnos se adapten a este tipo de procesos de aprendizaje activo. "Intentamos que los jóvenes salgan con una impronta innovadora y que no sean *followers*, sino personas con espíritu crítico y con ganas de tomar las riendas de su aprendizaje", afirma.

Egaña admite que el proceso de trasformación es complejo porque los jóvenes vienen de una "educación parecida a la del siglo XIX, y en esta universidad todo es diferente", pero expresa que en estos últimos años se ve cómo los jóvenes terminan los grados con un perfil investigador, es decir, que construyen su propio aprendizaje a través de distintos recursos. La profesora Calatayud, en su experiencia con metodólogas de aprendizaje activo y con la gamificación, comenta que los alumnos universitarios ofrecen mucha resistencia al cambio. "Llevan muchos años siendo actores pasivos en el clásico sistema de enseñanza, y les cuesta bastante cambiar de rol durante las clases", explica. De hecho, hay un porcentaje muy pequeño, pero lo hay, de estudiantes que se oponen al cambio porque están convencidos que "son buenos alumnos empollando los apuntes y haciendo el examen, y que en este sistema no consiguen destacar y, por ello, no están a favor.

Asimismo, Calatayud opina que las metodologías activas implican más trabajo por parte del alumno y, en la actualidad, no están acostumbrados. En este sistema de enseñanza, "el alumno debe asumir un rol activo en las clases y participar en la creación y en la construcción del conocimiento", precisa. También señala que las actividades gamificadas deben adaptarse a los distintos intereses y perfiles de los alumnos para que funcionen. En el poco tiempo que la profesora de Educación lleva utilizando la gamificación se dio cuenta de que los logros y los premios deben modificarse dependiendo de los propios intereses del alumno. Así, aprendió a premiar el verdadero interés de los estudiantes. Por ejemplo, observó que para ellos era muy importante la gestión del tiempo, así que diseñó un sistema de "cartas de poderes", el cual premiaba el esfuerzo diario con cartas que les permitían aplazar las entregas de los trabajos, solo a aquellos alumnos que conseguir hacerse con ellas.

Discusión y conclusiones

En el estudio cualitativo quedó demostrado que son muy pocos docentes lo que emplean la gamificación en el aula, aunque existen diversos estudios pilotos que han intentado implementarla en las áreas de Ingeniería y Tecnología, frente a la escasez de los estudios y prácticas en las facultades de Comunicación y Educación.

Los resultados de las entrevistas coinciden al afirmar que los elementos del juego en la enseñanza son altamente motivadores y su buen uso puede ayudar a optimizar el aprendizaje. A través de las entrevistas en profundidad, se han recopilado los primeros casos de experimentación con la gamificación en las aulas universitarias como metodología de enseñanza-aprendizaje, y no como proyectos pilotos. Es el caso de la profesora Rosa García, de la Facultad de Educación de Cantabria, y de la profesora M.L Calatayud, en la Facultad de Educación de la Universidad Complutense de Madrid. En ambos casos, el éxito de su aplicación radica en la combinación de las técnicas de la gamificación con el aprendizaje cooperativo. Ello les permite dinamizar las aulas y mejorar las tasas de rendimiento académico de los estudiantes.

La gamificación en el aula puede emplearse de forma puntual o de manera integral en las distintas materias. En las entrevistas en profundidad, pese a que algunos consideran que solo debe estar vinculada al ámbito empresarial, la realidad del aula demuestra que se puede aplicar en el espacio universitario de asignaturas teóricas.

Los resultados del estudio rescatan los beneficios del juego en la enseñanza. La llegada de la gamificación no solo ha rescatado las mecánicas del juego en la enseñanza, también ha reiterado la importancia de la competencia emocional y social en el aprendizaje universitario. De esta manera, uno de los principales propósitos de las mecánicas del juego en la enseñanza consiste en enlazar la parte racional del cerebro con el sistema límbico, es decir, con la zona que controla nuestras emociones.

En cuanto a los beneficios de la inclusión de la gamificación en el proceso de aprendizaje se pueden sintetizar en que esas técnicas garantizan al alumno un *feedback* inmediato. Igualmente, las técnicas de ludificación facilitan la labor docente. En este caso, la gamificación sirve al profesor como unidad de medida y de control sobre el desempeño y las competencias que va adquiriendo el alumno en los distintos temas de la asignatura.

Su aplicación en la enseñanza posibilita al alumno a probar nuevas identidades, además de otorgarle reconocimiento social por los logros académicos adquiridos. Han sido interesantes los resultados obtenidos sobre la reacción del alumno ante las asignaturas gamificadas y las metodologías activas. Primero ofrecen resistencia al cambio, porque vienen de un sistema de enseñanza muy rígido, donde su rol siempre fue pasivo, pero superada la barrera, la mayoría de alumnos no quieren regresar al clásico sistema de enseñanza lineal donde el docente era un mero trasmisor de información.

Referencias bibliográfica

Aguaded, I (2011). El grado de competencia mediática en la ciudadanía andaluza, Grupo Comunicar y Universidad de Huelva. Recuperado de: http://rabida.uhu.es/dspace/handle/10272/6892?locale-attribute=en

Alejaldre, L. & García, A.M. (2015). Gamificar: el uso de los elementos del juego en la enseñanza de español. Mahidol University International College y Sichuan International Studies University, College of International Education. III Jornadas de formación de profesores de ELE en Hong Kong. Recuperado de: https://goo.gl/8d1h5j

Cabero, J. (2010). Los retos de la integración de las TICs en los procesos educativos: Límites y posibilidades. *Revista Perspectiva Educacional*, 49 (1), 32-61, Recuperado de: file:///C:/Users/pc1/Downloads/Dialnet-LosRetosDeLaIntegracionDeLasTICsEnLosProcesosEduca-3579891.pdf

Contreras, R. & Eguia, J.L. (2016): *Gamificación en aulas universitarias.* Bellaterra: Institut de la Comunicació, Universitat Autònoma de Barcelona. Recuperado de: http://incom.uab.cat/download/eBook_incomuab_gamificacion.pdf

Escribano, F. (2013). Gamificación versus Ludictadura. *Obra Digital*, 5, 58-72 Recuperado de: https://goo.gl/DlknNQ

Ferrés, J. (2014). *Las pantallas y el cerebro emocional.* Barcelona: Gedisa

Ferrés, J. y Masanet, M.J. (2015). *La educación mediática en la universidad española.* Barcelona: Gedisa.

Fonseca, M.A y Aguaded, I. (2007). *Enseñar en la universidad. Experiencias y propuestas para la docencia universitaria.* La Coruña: Netbiblo

Gadea, F. (2011). Formas de comunicación, libertad y acción emancipatoria en la teoría de la acción comunicativa de Jürgen Habermas. Congreso Internacional de Ética de la Comunicación, Facultad de Comunicación de la Universidad de Sevilla, capítulo 47. Recuperado de: https://monitorando.files.wordpress.com/2011/04/libro-actas-congreso-etica-comunicacion.pdf

González Fernández, N. & García-Ruiz, R. (2007). El Aprendizaje Cooperativo como estrategia de Enseñanza-Aprendizaje en Psicopedagogía (UC): repercusiones y valoraciones de los estudiantes. *Revista
Iberoamericana de Educación*, 42 (6). Recuperado
de:https://goo.gl/nDFFXU

Huotari, K., & Hamari, J. (2012). Defining Gamification: A Service Marketing Perspective. In Proceedings of the 16th International Academic MindTrek Conference, 17-22. doi:https://goo.gl/dcw4xY

Kapp, K. (2012). *The Gamification of Learning and Instruction: Game-
Based Methods and Strategies for Training and Education*. San
Francisco: John Wiley & Sons.

Kaplún, M (1998). *Una pedagogía de la comunicación*. Madrid: Ediciones
de la Torre.

Lee, J.J. & Hammer, J. (2011). Gamification in Education: What, How,
Why Bother? Recuperado de: https://www.uws-
tout.edu/soe/profdev/resources/upload/Lee-Hammer-AEQ-
2011.pdf

Martín –Algarra, M. (2003). *Teoría de la comunicación: una propuesta*.
Madrid: Tecnos.

Marín, V. (2015). Educative Gamificatoin. An alternative to creative learning. Digital Education Review, 27, Recuperado de:
https://goo.gl/QUzCzA

McGonigal, J. (2011). Reality Is Broken: Why Games Make Us Better and
How The Can Change The World. New York: Pingüino Press. Recuperado de: https://hci.stanford.edu/cour-
ses/cs047n/readings/Reality_is_Broken.pdf

Morillas, C. (2016). *Gamificación de las aulas mediante las TIC: un cambio de paradigma en la enseñanza presencial frente a la docencia
tradicional* (Tesis doctoral, Universidad Miguel Hernández, El-
che). Recuperado de: https://goo.gl/3yrfPT

Monereo, C. & Monte, M. (2011). *El docente en tránsito. Incidentes críti-
cos en secundaria*. Barcelona: Editorial Graó.

Ripoll, O. (2006). El juego como herramienta educativa. *Revista de Educación Social*, 33, 11-27 Recuperado de: https://goo.gl/8yyGcW

Villalustre Martínez, L. & Del Moral Pérez, M. E. (2015). Gamitication: Strategies to optimize learning process and the acquisition of skills in university contexts. *Digital Education Review,* (27), 13-31. Recuperado de: https://goo.gl/9NVWyI

Zepeda - Hernández, S; Abascal - Mena, R. & López - Ornelas, E.; (2016). Integración de la gamificación y el aprendizaje activo en el aula. *Ra Ximhai,* 12, 315-325. Recuperado de: https://goo.gl/pzA7pR

Zichermann, G. (2011). *Gamification by Design: Implementing Game Mechanics in Web and Mobile Apps.* Canadá: O´Reilly Media.

CAPÍTULO IV

LA REALIDAD VIRTUAL Y AUMENTADA COMO INSTRUMENTO DE EDUCACIÓN ACTIVA

Dr. Enrique Morales Corral
U-tad, España

Resumen

Ya desde el comienzo de la creación del videojuego como elemento de ocio interactivo los primeros desarrolladores soñaban con aumentar la inmersión en sus creaciones. Nintendo fue un abanderado por intentar el primer sistema doméstico de Realidad Virtual dirigido al gran público en 1995, el famoso Vitual Boy, que fracasó estrepitosamente. Tradicionalmente se ha usado como complemento en simulaciones profesionales, pero no fue hasta principios de esta década, con la aparición de propuestas como las Oculus Rift, que este viejo sueño empezó a hacerse posible.

La realidad virtual y la aumentada consiste en la creación de un entorno generado mediante tecnología informática en el que el usuario tiene la sensación de estar inmerso en él en mayor o menor medida, debido a una abstracción sensorial, tanto visual como auditiva, conseguida mediante algún dispositivo, que suele tener forma de gafas o casco.

Este artículo pretende mostrar gran parte de las posibilidades que esta nueva tecnología está ya ofreciendo en procesos de educación activa, como complemento de pedagogías clásicas o incluso como modelo principal instrumental. Las fortalezas que la inmersión proporciona son de gran utilidad para educar actitudes y comportamientos de una manera directa y sin intervención de elementos de autoridad, que puedan menoscabar procesos de interacción, así como mostrar de primera mano perspectivas inéditas en procesos complejos.

Se pretenden mostrar ejemplos concretos del uso adecuado de este tipo de inmersiones con el objetivo de abrir un espacio de debate sobre la conveniencia o no de desarrollar y potenciar su uso en determinados procesos pedagógicos a varios niveles y para diversas materias, mostrando las bondades que estas nuevas herramientas pueden ofrecer a docentes en todo el mundo.

Palabras claves

educación; sociología; Realidad Virtual; Realidad Aumentada; videojuegos

Abstract

From the very beginning of the creation of the video game as an element of interactive leisure, the first developers dreamed of increasing immersion in their creations. Nintendo was a standard-bearer for trying the first domestic Virtual Reality system aimed at the general public in 1995, the famous Vitual Boy, which failed miserably. Traditionally it has been used as a complement in professional simulations, but it was not until the beginning of this decade, with the appearance of proposals such as the Oculus Rift, that this old dream began to become possible.

The virtual and augmented reality consists of the creation of an environment generated by computer technology in which the user has the sensation of being immersed in it to a greater or lesser extent, due to a sensory abstraction, both visual and auditory, achieved by some device, usually in the form of glasses or helmet.

This article aims to show a large part of the possibilities that this new technology is already offering in active education processes, as a complement to classical pedagogies or even as a principal instrumental model. The strengths that immersion provides are very useful to educate attitudes and behaviors in a direct way and without the intervention of elements of authority, that can me-notice interaction processes, as well as to show first hand unpublished perspectives in complex processes.

The aim is to show concrete examples of the appropriate use of this type of immersion with the aim of opening a space for debate on whether or not to develop and promote its use in certain pedagogical processes at various levels and for different subjects, showing the benefits that these new tools can offer to dozens of people around the world.

Keywords

Eduacation; sociology; virtual reality; augmented reality; videogames

Introducción

La educación ha sido una de las grandes preocupaciones de cualquier sociedad a lo largo de la historia. Este proceso ha encendido y motivado interesantes reflexiones epidemiológicas a lo largo de los siglos, estando en continuo debate y crisis permanente.

La introducción de nuevas tecnologías en el aula, como elemento docente, ha sido una constante en las últimas décadas, siendo la informática y sus variantes claves para poder empezar a introducir competencias digitales en los alumnos desde muy tempranas edades.

En este artículo vamos a discutir sobre el uso de tecnologías de Realidad Virtual (RV) y de Realidad Aumentada (RA), dentro del espectro de lo que se conoce como Realidad Mixta o Extendida (RM-RE), que supone, simplificándolo mucho, en la conjunción de las dos anteriores, dentro de un espectro de interacción sensorial.

El uso de estas dos tecnologías supone un importante reto para la comunidad educativa de todos los niveles, la ruptura sensorial que proponen supone un valioso ejercicio y una oportunidad difícilmente discutible. Fundamentalmente plantean, desde el punto de vista metodológico, la ruptura de la educación en tercera persona, que supone un rol generalmente pasivo por parte del alumno/a. Estas tecnologías recrean de manera "informática" la realidad, variable en el caso de la RA, y de manera total en entornos virtuales completos (RV), proponiendo acercamientos educativos en primera persona, en la que el alumno/a es un personaje activo, simulando entornos de aprendizaje y de descubrimiento personal.

Pero no todo van a ser ventajas, también existe el problema de que, si no se utilizan contenidos apropiados y no hay una buena supervisión en tiempos e interacción por parte de docentes expertos, la experiencia puede convertirse en un mero reclamo tecnológico y no en una potente herramienta pedagógica.

Objetivos Generales

El objetivo de este artículo es mostrar la tecnología de la Realidad Virtual (RV), la Realidad Aumentada (RA) y la conjunción de ambas, la Realidad Mixta (RM) o Realidad Extendida (RE) en procesos de educación activa como complemento de pedagogías clásicas o incluso como modelo principal instrumental.

Para ello se explicarán muy brevemente los términos implicados y se situarán estas tecnologías en el famoso proceso de Hiperciclo de Interfaz Humano-Máquina de la consultora especializada en tecnología Gartner, con el objetivo de situar el proceso de integración simulado.

Así mismo se comentarán diferentes aplicaciones activas que aprovechan estas tecnologías y la integración de la Taxonomía de Bloom adaptada a la RV, que es la que se encuentra en la actualidad más asentada en el sector comercial, siendo la Realidad Aumentada poco usada todavía.

Método y desarrollo del trabajo

Para la realización de este artículo utilizaremos el método bibliográfico de fuentes y datos secundarios que nos permitan ofrecer una radiografía lo más precisa posible del objeto de estudio. Estos datos secundarios crearán un marco óptimo de conceptualización social y económico en estas nuevas tecnologías tan nuevas para el gran público.

Es importante centrar las bases teóricas de los términos a tratar en este artículo, por eso proponemos una serie de definiciones que faciliten la comprensión de algunos de los sistemas que vamos a tratar.

Entendemos por Realidad Virtual (RV a partir de ahora) a todo entorno con base informática en el que se recrean escenas u objetos de apariencia real, creando sensación de estar inmerso con una interacción del 100%. Se suelen utilizan gafas o cascos integrales para facilitar la inmersión. Ejemplos de este tipo de dispositivos son: Oculus, HTC Vive, PlayStation VR, Samsung Gear...

Entendemos por Realidad Aumentada (RA a partir de ahora) a todo entorno con base informática que implica una visión de un entorno físico "vitaminado" por elementos sensoriales, generalmente visuales y auditivos. Se suelen utilizan gafas o dispositivos para superponer estos elementos a la realidad y crear ese nuevo entorno que la mezcla con lo recreado informáticamente.

Entendemos por Realidad Mixta o Extendida (RM-RE a partir de ahora) a la combinación de la Realidad Virtual con la Realidad Aumentada, que va desde la mínima interacción de la realidad propiciada por la RA hasta la completa integración de la RV. O como dicen Milgram y Kishino (1994): *los dos extremos del continuum de la virtualidad*, donde el continuum se extiende desde el entorno completamente real hasta el completamente virtual, por simplificarlo, del 0,01% en el que hay algo "aumentado informáticamente" por Realidad Aumentada hasta el 100% recreado, que sería la Realidad Virtual.

Los procesos de interacción virtual y desarrollo cognitivos han sido muy estudiados (Ascott, 1998 – Echeverria, 2000) y su relación con elementos pedagógicos (Buckingham, 2002), pero no tanto los nuevos sistemas de interacción que aquí vamos a comentar, fundamentalmente debido a una falta de integración comercial, juventud de la tecnología y de voluntad docente. Los tiempos están cambiando y cada vez hay más innovación en un sector que ha permanecido estable durante décadas. Las bondades de las tecnologías de la información y la comunicación han sido ampliamente defendidas por académicos de la talla de Castells (2006), que no ha parado de defender su uso continuado como elemento integrador de gran parte de la población en la sociedad informacional que este siglo XXI está desarrollando. Incluso autores como Gee (2004) han intentado defender el uso del videojuego como uno de los elementos que pueden ser claves en la educación de los próximos años. Aunque más modestamente, también tratamos este asunto como una de las posibles soluciones a la falta de metodologías motivadoras que el nuevo siglo estaba propiciando (Morales, 2010), este artículo pretende continuar esa senda de interés por la innovación docente mediante nuevos entornos y metodologías, en este caso hablaremos de la RV, RA y RM-RE.

Resultados

Según el conocido Informe Sociedad de la Información en España Edición 2016, financiado por la Fundación Telefónica y con datos de la consultora especializada Bussines Insider, el mercado de la RV alcanzará los 15.000 millones de euros para el 2020 (Fundación Telefónica, 2016). Este volumen será generado por usos cada vez más inmersivos de videojuegos, películas y experiencias en directo, como conciertos o espectáculos. La RA, por el contrario, y según el mismo informe alcanzará los 120.000 millones de dólares para el 2020 (Fundación Telefónica, 2016). El gran secreto de la RA es tener la capacidad de introducirse mucho más fácilmente en nuestras rutinas diarias y adaptarse en negocios ya estructurados y consolidados, como el comercio electrónico, elementos publicitarios de visionado e interacción, comunicación personal, elementos culturales...

Dentro del posicionamiento económico de estas dos tecnologías es importante contextualizarlas dentro del espectro comercial y social. Una aproximación bastante fiable es la que nos propone la consultora especializada en tecnología Gartner con su famoso estudio de Hiperciclo de Interfaces Humano-Máquina (2015), en el que se intenta situar a diferentes tecnologías dentro de una de las cinco etapas que ellos proponen. Cada una de esas etapas representa un proceso comercial determinado y un posicionamiento, que intenta ofrecer una jerarquía o situación en la sociedad. Las etapas son:

1. Lanzamiento (*Innovation Trigger*). Es la primera etapa y representa el inicio público de la tecnología. Ya existe un prototipo funcional pero todavía no hay un producto comercial terminado al 100%. El público especializado recibe las primeras impresiones.
2. Pico de expectativas sobredimensionadas (*Peak of inflated of expectations*). Esta etapa representa que la tecnología o el dispositivo ya ha hecho su aparición pública y consigue una aceptación solo

entre el público especializado. Suele ser la primera etapa de testeo inicial del producto o servicio.

3. Abismo de desilusión (*Through Disillusionment*). Esta etapa suele ofrecer una visión más realista de la tecnología en cuestión una vez que ha pasado las primeras etapas de testeo. Es una etapa crítica que pretende colocar a cada producto o servicio en una jerarquía comercial ideal, concretando el usuario final, su acabado, precio orientativo, funciones no inicialmente pensadas....

4. Rampa de consolidación (*Slope of Enlightenment*). Una vez pasado el filtro crítico se ofrecen ya las posibilidades comerciales y de usabilidad reales y objetivas para la tecnología o el dispositivo en cuestión. Se empieza ya a consolidar un producto final terminado y testado.

5. Meseta de productividad (*Plateau of Productivity*). En este punto de madurez la tecnología ya ha sido probada y aceptada por parte del gran público. Está lista para ser lanzada y vendida al mercado.

Figura 1: Hiperciclo para Interfaces Humano-Máquina

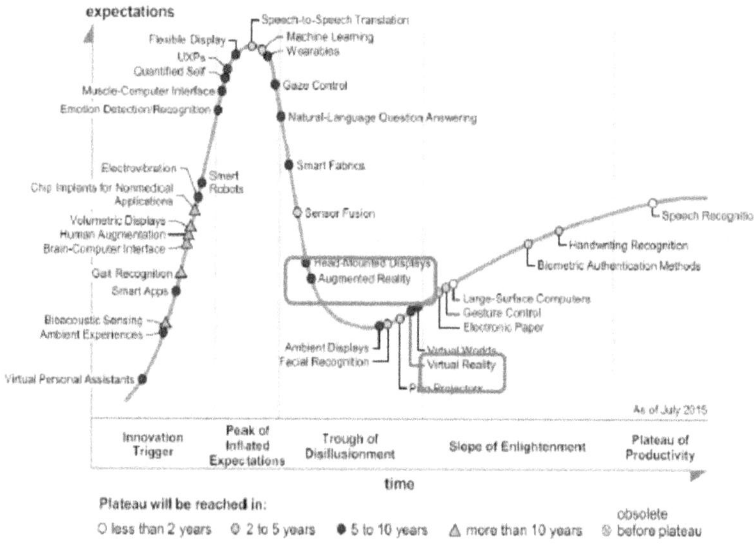

Hiperciclo para Interfaces Humano-Máquina, 2015 (Fuente: Gartner)

En la figura 1 podemos observar la situación de las dos tecnologías que en este artículo se comentan y su posicionamiento. La RA se encuentra al comienzo de la etapa Abismo de Desilusión (etapa 3), mientras que la RV empieza la etapa Rampa de Consolidación (etapa 4). Estos son datos del 2015 y actualmente, en el 2017 la propia consultora adelanta una etapa a ambas tecnologías situando y actualizando la RA en la Rampa de Consolidación (etapa 4), esto explica ya la aparición en las principales ferias tecnológicas del mundo de varios dispositivos casi finales que incorporan RA; y la RV se sitúa en la Meseta de productividad (etapa 5), como así demuestran los dispositivos finales comerciales que han presentado Oculus, HTC Vive o PlayStation VR durante el 2016 y el 2017. Además, otras empresas de carácter informático están ofreciendo ya prototipos avanzados, al ver que hay nicho de mercado y que la tecnología está "madura" para salir al gran negocio de consumo. HP, Lenovo, Asus, Acer, Dell…, las principales compañías de ordenadores están sacando sus propios dispositivos para empezar a competir con los ya instaurados en el mercado. El público marcará el éxito o no de esta tecnología revolucionaria con capacidad para incorporar nuevas interacciones multifuncionales con pantallas y llevarnos a la eterna promesa de la interacción completa con el audiovisual, augurada durante décadas por todo tipo de libros, películas, videojuegos y cómics ciberpunks.

Figura 2: Matriz de prioridad para Interfaces Humano-Máquina

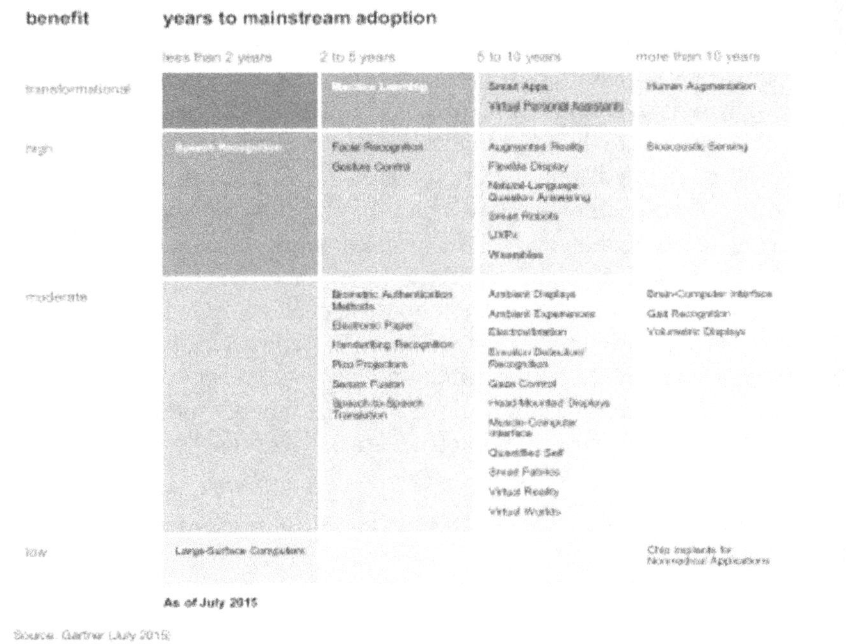

Matriz de Prioridad para Interfaces Humano-Máquina, 2015 (Fuente: Gartner)

En la figura 2 podemos ver como a partir de la misma fuente de Gartner (2015) se hace una estimación de cómo estarán instauradas comercialmente diferentes tecnologías en el universo de consumo habitual. En este caso la RA presenta un futuro más optimista que la RV, confirmando nuevamente los datos ofrecidos en el informe de la Fundación Telefónica (2016). Según Gartner la RA estará insaturada masivamente entre la población mundial en un plazo de entre 5 y 10 años con un grado de beneficio social alto, mientras que la RV lo estará en menor medida en ese mismo plazo con un grado de beneficio social moderado.

Una de las promesas que hizo la RV hace ya algunos años está a punto de cumplirse. Estamos hablando de la posibilidad de adquirir un dispositivo RV a un precio asequible orientado a múltiples opciones de interacción, y no solo pensado para los videojuegos, como venía siendo hasta ahora con los productos lanzados hasta la fecha, como Oculus Rift, HTC Vive o PlayStation VR, por decir solo los principales ejemplos.

Facebook compró en el 2014 por 1.450 millones de euros la compañía norteamericana Oculus (fundada en el 2012), y aunque inicialmente ayudaron a desarrollar y terminar el prototipo en el que venían trabajando y que ahora está a la venta, Facebook parece que tenía otros planes para esta tecnología. Hace solo unos pocos meses se ha desvelado la nueva creación, un dispositivo VR al alcance de todos los bolsillos, Oculus Go, al alcance de casi todos por unos 200 dólares, el precio de un *smartphone* de gama media. Este dispositivo está llamado a llevar la RV a cada rincón del planeta ya que está especialmente diseñado para integrar muchos de los servicios que Facebook ya ofrece, como elementos de videollamada, videos 360 grados, interacción social, videojuegos... No olvidemos que ya tienen más de 2.000 millones de usuarios, según sus propios datos ofrecidos el pasado marzo del 2017, por lo que la creación de contenido específico está garantizada. Es el nuevo paso al que quiere llevarnos Facebook y completar la experiencia social que prometen. Recientemente han llegado a un acuerdo con la multinacional tecnológica china Xiomi para fabricarlo y se esperan las primeras unidades a la venta para principios del 2018. Una nueva revolución está en camino.

Figura 3: Oculus Go

Fuente: https://goo.gl/tL98qV

Y es que el 2018 puede ser el año definitivo para esta tecnología. Los procesos educativos no quieren quedarse atrás y se empieza a crear todo un ecosistema alrededor de esta tecnología que puede revolucionar las aulas de todo el planeta, integrando visualización con interacción de contenidos para casi cualquier materia consiguiendo ese factor de novedad respecto a los procesos de innovación docentes sugeridos por casi todos los gurús educativos. El problema, como casi siempre, es si la creación de contenido será adecuada, de calidad y con parámetros educativos. En cualquier sistema de visualización el contenido es siempre la clave para convertirse en un instrumento útil y no caer en una curiosidad informática o unas gafas "caras".

Otra propuesta interesante es que hizo la multinacional coreana Samsung ya en el 2016: la Virtual School Suitcase. Propone el uso de su dispositivo Samsung Gear VR y contenidos multidispositivo intentando acercar a las aulas esta tecnología, debido sobre todo a su movilidad, ya que son unas gafas VR sin cables en las que se le acopla un *smartphone*, que hace de pantalla y procesador. No parece que haya tenido mucho éxito y más allá de la novedad y el reclamo tecnológico no ha conseguido integrarse dentro de las aulas de forma masiva, dependiendo demasiado de que algunos docentes interesados por esta tecnología dediquen tiempo y esfuerzo en integrarlas en sus aulas.

Pero también es interesante hablar de *software* y no solo de *hardware*. Dragon Box es una experiencia educativa VR dedicada al estudio de Álgebra. Otras ofertas interesantes son Universiv, Nearpod o AlquemyVR, pero están lejos de poder integrarse realmente de manera masiva en las aulas, quedando solo al alcance de colegios con grandes dotaciones económicas en instrumentos tecnológicos. Buenas herramientas para docentes serían también EON Reality, en el que se pueden crear fácilmente entornos en los que se combinan contenidos de videos, animación, sonido..., o ThingLink que produce imágenes en entornos 360°. Lecture VR ofrece entornos de clases virtuales, a modo de foros o escenarios, e incluso Google ofrece a los docentes la oportunidad de llevar a sus estudiantes a lugares declarados Patrimonio de la Humanidad, como las pirámides de Egipto, la Gran Barrera de Coral de Australia..., mediante este tipo de dispositivos a través de su Google Expeditions Pionner Program.

Sin duda los procesos de e-learning serían de los más beneficiados al instaurarse estas tecnologías, al ser procesos educativos en los que Internet forma parte esencial del proceso, ya sea por necesidades de comunicación, interacción, acceso a la información, evaluación... Este tipo de ofertas están cada vez más integradas en las aulas o en procesos de autoeducación, llegando a poder cursar MOOCs (*Massive Open On-line Course*, o curso online masivo en abierto) de las más prestigiosas universidades del mundo, sin casi coste o incluso de manera totalmente gratuita.

Otro aspecto importante a tratar es la adecuación de la Taxonomía Cognitiva de Bloom (Anderson – Krathwohl, 2001) a esta tecnología. Ésta es una clasificación clásica que intenta medir el grado de éxito que puede lograr un proceso pedagógico. Se basa fundamentalmente en seis grandes categorías, ordenadas de menor a mayor según su nivel de dificultad y constituye un buen test para probar la adecuación pedagógica de nuevas tecnologías o metodologías:

1. Conocimiento: Capacidad básica para recordar información sin requerir un entendimiento del material que está siendo tratado.
2. Comprensión: Capacidad para entender e interpretar un material o situación, así como para extrapolar lo entendido a áreas no cubiertas por el planteamiento original.
3. Aplicación: Capacidad para determinar qué conocimiento es relevante para una situación particular y aplicar correctamente ese conocimiento para producir una solución correcta al problema en cuestión.
4. Análisis: Capacidad para descomponer un problema o una situación compleja en sus partes y reconocer las relaciones entre los fragmentos y la organización de éstas.
5. Síntesis: Capacidad para crear una única entidad nueva, trazando los diferentes aspectos del conocimiento y entendimiento, de forma que el resultado es más que simplemente la suma de sus partes o componentes.
6. Evaluación: Capacidad para juzgar el valor de las ideas, soluciones, métodos, etc. Este nivel es considerado el máximo de la jerarquía

cognitiva porque el estudiante debe emplear todos los niveles anteriores más un criterio de evaluación apropiado para determinar el valor general del material que está siendo examinado.

Esta taxonomía analiza la integración de nuevos instrumentos pedagógicos, como puede ser la VR, al fomentar la creación de elementos disruptivos en los alumnos, que favorezcan la atención y la asimilación de conocimientos, sobre todo en áreas de difícil integración visual o espacial, como pueden ser el dibujo, matemáticas, física... Los procesos educativos que utilicen la tecnología RV o la RA, se basarían más en una educación en primera persona, donde el alumno/a integra sus procesos de interacción con la información y el conocimiento de una manera más natural, al menos desde el punto de vista visual y de interacción.

Con su uso se intentaría quebrar algunos de los mecanismos pedagógicos tradicionales, basados en exposiciones de escucha pasiva, sustituyéndolos o completándolos con procesos de pedagogía activa e inmersiva. Lógicamente no se puede sustituir radicalmente un método que ha funcionado durante siglos, pero sí se puede intentar mejorar e innovar, y este tipo de dispositivos pueden ser un buen aliado del docente para mejorar la comprensión y el estímulo por aprender. Además, no hay que menospreciar el efecto de la novedad tecnológica que producen este tipo de dispositivos en los alumnos, generando expectación y mejorando la recepción emocional del contenido seleccionado por los docentes, incorporando interesantes nuevas relaciones en las dos primeras etapas de Bloom, la de conocimiento y la de comprensión.

Figura 4: Taxonomía de Bloom adaptada a la RV

Nivel	Realidad Virtual
Análisis	Un Mundo Virtual permite explorar un sistema complejo y su funcionamiento con el fin de determinar cómo interaccionan todos sus componentes, o tal vez para restablecer un proceso no operativo.
Síntesis	Un Mundo Virtual simula un conjunto de mecanismos, operaciones unitarias y teorías que deberán ser "mezcladas" para generar un proceso que proporcione el producto deseado.
Evaluación	Un Mundo Virtual permite explorar y comparar dos procesos diferentes que generan el mismo resultado, y así contrasta el beneficio de cada proceso. En base a esto, se puede proponer un tercer proceso con ventajas sobre los anteriores gracias a lo aprendido.

Fuente: De Antonio et al, 2000.

En la figura 4 podemos ver una adaptación específica propuesta por De Antonio et al (2000) donde se muestran la relación de la RV con las últimas etapas de la Taxonomía de Bloom, las más complejas. En la de Análisis (la cuarta) la RV favorecería la exploración de sistemas complejos, al aprovechar la capacidad inmersiva en primera persona y poder mostrar aspectos internos con referencias visuales, como podrían ser el interior de una pirámide, la representación espacial de elementos matemáticos, estructuras químicas complejas... Respecto a la etapa de Síntesis (la quinta) la RV tendría la capacidad de simular mucho más fácilmente mecanismos complejos referenciales, facilitando la asimilación y los elementos relacionales por parte del alumnado. Y por último en la etapa de Evaluación (la sexta) la RV favorecería la comparación de procesos diferentes apoyados por material audiovisual que integrase contenido de difícil asimilación, por ser complejo o incluso abstracto.

Parece lógico poder adaptar esta misma comparativa con la RA, una tecnología que integra los entornos con la virtualidad, creando mundos híbridos y fomentando procesos de Neorealidad (Gayo, Morales, 2016). La RA mejora todavía más los procesos de integración ofrecidos por De Antonio ya que puede llegar mucho más allá, solucionando gran parte de los problemas ofrecidos por la RV, siendo el principal la pérdida de Realidad o el agotamiento visual al estar "inmerso" totalmente. El mundo extendido de la RA ofrece los mismos resultados que la RV en el nivel de Análisis, pero mejora sensiblemente en el de Síntesis, al mejorar la interacción con los espacios, con el profesor y con el resto de compañeros, y mejora sobre todo en el de Evaluación, ya que la posibilidad de interacción entre más de dos realidades (la RA simula y contrapone la Realidad-Real con la ofrecida por la RV, que tiene que ser 100% virtual), ofrece un mayor beneficio en los procesos interactivos en primera persona, pudiendo comparar de manera más natural las diferentes experiencias, realidades, contenidos o elementos interactivos experimentados. La ruptura de la cuarta pared ofrece métodos menos invasivos que, aunque en un primer momento pueden ser más atractivos, a la larga y con el tiempo, cuando pierdan el efecto novedad, terminarán por cansar o incluso por aburrir.

Discusión y conclusiones

Una vez presentadas las tecnologías y sus posibles usos y proyecciones comerciales e interactivas debemos empezar a configurar la discusión de cómo estas tecnologías pueden integrarse y favorecer procesos educacionales.

El uso del juego como instrumento educativo está absolutamente admitido por casi todas las corrientes pedagógicas instauradas, y ha sido ampliamente tratado por autores como Huizinga (1984), Callois (2003), Vigotsky

(2003) ... entre otros. Son muchas las escuelas didácticas que defienden el uso sistemático de este tipo de herramientas en procesos de acciones o actividades voluntarias dentro y fuera del aula. El juego es una herramienta al alcance docente, como cualquier otra, que requiere de un proceso de programación y estudio sobre las competencias y los contenidos relacionados que se quieren vincular a cada tarea.

En este proceso es donde entra la tecnología, y en concreto las herramientas de RV y RA como creadores de mundos virtuales interactivos susceptibles de ofrecer experiencias interactivas gamificadas (Montero 2010). Solo la presencia de esta tecnología predispone a la mayoría de los alumnos a un proceso activo positivo, la tecnología suele producir este tipo de respuesta en casi todo el mundo. Y este es uno de los principales atractivos iniciales que pueden tener estas tecnologías, pero no dejan de ser reclamos iniciales al uso.

El verdadero proceso útil pasa por incorporar contenido adecuado, aprovechando las capacidades de interacción e integración de mundos virtuales en los alumnos, así como las capacidades de multilocalización y comunicación que permiten.

Es todavía pronto para vender que la integración de estas tecnologías favorece de manera rotunda procesos de adquisición de competencias, quedan muchos experimentos que hacer y comprobar que las hipótesis de los abanderados de estas tecnologías son ciertas y que científicamente son comprobables. Aunque los experimentos realizados por Sherman y Judkins (1994) en la Universidad de Washington apuntaban ya que la capacidad inmersiva de esta tecnología estaba fuera de toda duda, no deja de sorprendernos la falta de estudios rigurosos sobre esta materia, encontrando innumerables referencias a un estudio de hace más de veinte años, cuando la tecnología estaba todavía casi por desarrollarse. La principal conclusión de este estudio refiere a la capacidad de motivación y atracción de la atención que la integración que ofrece la RV provocaría a los estudiantes, sin ofrecer elementos de contraste o procesos más dilatados en el tiempo. Parecen más hipótesis proyectadas que objetivos concretos comprobados.

Es también interesante el proceso de adaptación que la mayoría de los motores de gráficos han hecho frente a la aparición de esta tecnología, destacando el motor Unity, con una rápida y sencilla conciliación a estos nuevos entornos, compitiendo rápidamente al clásico VRML (Hilera et al, 2017). Esta integración puede ser importante para facilitar el acceso de empresas que tradicionalmente se dedicaban al desarrollo de videojuegos a crear contenido para este formato, fomentando un nuevo nicho laboral para empresas con experiencia en crear mundos virtuales (Morales, 2012).

Como ya hemos comentado, el proceso que estas tecnologías ofrecen favorece a ciertas teorías pedagógicas que abogan por el abandono del aprendizaje en tercera persona, en el que los alumnos se comportan como meros espectadores, por la incorporación de su aprendizaje en entornos más activos, haciendo uso de perspectivas y metodologías que destaquen entornos en primera persona. No es objetivo de este artículo valorar la adecuación o no de este cambio sino el proceso de evolución que estas tecnologías podrían acarrear en este tipo de procesos pedagógicos o sociológicos (Ariño, 1997).

Lo que sí parece innegable es que la RA presenta muchas más oportunidades que la RV, por su carácter integrador de la realidad. Es lo que Gayo y Morales (2016) denominan la Neorealidad, que se puede definir como todo proceso interactivo en el que la Realidad Mixta o Extendida ofrece nuevos elementos perceptivos de ruptura con la realidad, para poder adaptarla a la voluntad individual, grupal o corporativa, generando experiencias y apreciaciones personalizadas. Es una tecnología que ha llegado para quedarse, y el propio mercado, tanto de usuarios como de creadores de contenido decidirán en un futuro próximo qué modelo de interacción triunfará, si uno completamente virtual (RV) o uno que integre la realidad y apueste por recrear informáticamente elementos añadidos (RA).

Sin duda vienen unos años interesantes para estas tecnologías y esperamos que al menos algunas de las promesas avanzadas sean posibles en muy poco tiempo, y no solo para instituciones educativas con grandes presupuestos. La democratización de estas tecnologías, su uso masivo, será clave para la integración definitiva en un mundo cambiante y líquido (Bauman, 2007).

Referencias bibliográficas

Anderson, L.W., and D. Krathwohl (Eds.) (2001). A Taxonomy for Learning, Teaching and Assessing: a Revision of Bloom's Taxonomy of Educational Objectives. Longman, New York.

Ariño, Antonio (1997). Sociología de la cultura. Barcelona: Ariel Sociología.

Ascott, R. (1998). La arquitectura de la cibercepción, en: Giannetti, Claudia (ed.). Barcelona, L'Angelot: Ars Telemática. Telecomunicación, Internet y Ciberespacio.

Bauman, Z. (2007). Vida de consumo, Madrid: Fondo de Cultura Económica

Buckingham, D. (2002). Crecer en la era de los medios electrónicos. Madrid: Morata

Callois, R. (2003). Los juegos y los hombres. Madrid: Fondo de Cultura Económica.

Castells, M. (2006). La sociedad red: una visión global. Barcelona: Alianza.

De Antonio, A., Villalobos, M., & Luna, E. (2000). Cuándo y cómo usar la Realidad Virtual en la Enseñanza. Enseñanza y Tecnología, 26-36.

Echevarria Ezpovida, J. (2000). Un Mundo Virtual. Debolsillo. Barcelona: Plaza y Janés Editores.

Fundación Telefónica (2016). Informe la sociedad de la información en España. Recuperado de: https://goo.gl/5JUVEo [Recuperado 22/12/2017]

Gayo Santacecilia, J. y Morales Corral, E. (2016) De la Holocubierta al Holoverso: Sociedad Virtual y Realidad Aumentada. Comunicación en el Congreso CICIC2016 y recogida en el libro de Actas. Recuperado de: https://goo.gl/ithFRz [Recuperado 22/12/2017]

Gee, J. P. (2004). Lo que nos enseñan los videojuegos sobre el aprendizaje y el alfabetismo. Málaga: Aljibe.

Hilera, J. R. – Otón, S. y Martínez, J. (2017) Aplicación de la Realidad Virtual en la enseñanza a través de Internet. Recuperado de: https://goo.gl/o87wqM [Recuperado 22/12/2017]

Huizinga, J. (1984). Homo ludens. Madrid: Alianza

Milgram, P. y Kishino, F. (1994) A taxonomy of mixed reality visual displays. IEICE TRANSACTIONS on Information and Systems, 77-12, pp. 1321-1329. Recuperado de: https://goo.gl/z8Mu51 [Recuperado 22/12/2017]

Montero, E. - Ruiz, Dávila, M. - Díaz Tejero, B. (2010). Aprendiendo con videojuegos. Jugar es pensar dos veces. Madrid: Narcea, S.A. De ediciones.

Morales Corral, E (2010). El uso de los videojuegos como recurso de aprendizaje en educación primaria y Teoría de la Comunicación. Diálogos de la Comunicación, 80. Recuperado de: https://goo.gl/5eXEKV [Recuperado 22/12/2017]

Morales Corral, E (2012). El reconocimiento institucional español de los videojuegos como industria cultural: propuestas para crear industria. Revista Derecom, 11, pp. 17-33. Recuperado de: https://goo.gl/1TY2L5 [Recuperado 22/12/2017]

Sherman, B.; Judkins, P. (1994). Glimpses of heaven, visions of hell: virtual reality and its applications. Hodder & Stoughton.

Vigotsky, L. S. (2003). La imaginación y el arte en la infancia. Ediciones Akal.

Recursos electrónicos

AlquemyVR. Recuperado de: http://alchemyvr.com/ [Recuperado 22/12/2017]

Dragon Box. Recuperado de: http://dragonbox.com/ [Recuperado 22/12/2017]

EONReality. Recuperado de: https://www.eonreality.com/ [Recuperado 22/12/2017]

Google Expeditions Pioneer Program. Recuperado de: https://edu.google.com/expeditions/#header [Recuperado 22/12/2017]

Inmersive VR. Recuperado de: http://immersivevreducation.com/ [Recuperado 22/12/2017]

NearPod. Recuperado de: https://nearpod.com/ [Recuperado 22/12/2017]

Thinglink. Recuperado de: https://www.thinglink.com/ [Recuperado 22/12/2017]

Unimersiv. Recuperado de: https://unimersiv.com/ [Recuperado 22/12/2017]

Unity. Recuperado de: https://unity3d.com/es [Recuperado 22/12/2017]

CAPÍTULO V

GAMIFICACIÓN EN LA FORMACIÓN DE MAESTROS DE EDUCACIÓN PRIMARIA: UNA PROPUESTA DIDÁCTICA EN EL AULA DE MATEMÁTICAS

Drª Leticia Rodas Alfaya
Universidad Rey Juan Carlos, España

Drª Rocío Guede Cid
Universidad Rey Juan Carlos, España

Drª Piedad Tolmos Rodríguez-Piñero
Universidad Rey Juan Carlos, España

Resumen

La mayoría de los alumnos de todos los niveles educativos consideran las matemáticas como una asignatura difícil, con lo que tienen una predisposición muy negativa al aprendizaje de esta materia. Habitualmente se sienten desmotivados y muestran muy poco interés hacia el estudio de los contenidos que se incluyen en la misma, y que resultan esenciales en la enseñanza obligatoria. Todo esto se traduce en una mala asimilación de los conceptos matemáticos año tras año por parte de nuestros estudiantes, lo que sitúa a España a la cola de los países europeos en esta materia, tal y como ponen de manifiestos los diferentes informes PISA.

La propuesta didáctica que presentamos trata de solventar este problema desde su base, partiendo de la siguiente reflexión: si los futuros maestros tienen dificultades para el aprendizaje de las matemáticas durante su proceso de formación, ¿cómo podrán enseñar dichos conceptos y motivar a sus estudiantes para el aprendizaje de los mismos?

Basándonos en técnicas de gamificación planteamos una propuesta didáctica para la enseñanza de las matemáticas en el Grado de Educación Primaria. Nuestros principales objetivos son, por una parte, motivar a los alumnos creando una predisposición positiva hacia el aprendizaje matemático significativo, de tal forma que se produzca una mejor asimilación de los contenidos presentados en el aula. Y, por otra, que los propios alumnos sean capaces de desarrollar material didáctico que pueda ser utilizado por los maestros en las aulas de Educación Primaria, con el fin de repasar o reforzar los contenidos matemáticos trabajados a lo largo del curso.

Palabras claves: gamificación, matemáticas, innovación, educación, docencia

Introducción

El aprendizaje matemático es una actividad fundamental, que se encuentra presente en todas las etapas educativas. Permite desarrollar y mejorar, entre otras, destrezas como el razonamiento, la capacidad de abstracción, o la aplicación del razonamiento matemático a la resolución de problemas reales. Además, es la base que permite adquirir nuevos conocimientos en otras disciplinas, lo que contribuye a incrementar su importancia.

A pesar de la gran relevancia de las matemáticas, los resultados obtenidos por los estudiantes en esta materia están por debajo de los deseados, tal y como ponen de manifiesto los diversos informes que se realizan, tanto a nivel nacional como internacional.

Uno de los informes más prestigiosos es el informe PISA (Programme for International Student Assessment), que se encarga de evaluar los sistemas educativos de todo el mundo. Para ello se realiza una encuesta cada tres años en la que se miden las competencias y los conocimientos adquiridos por jóvenes de 15 años en ciencias, matemáticas, resolución de problemas colaborativos y educación financiera.

Los últimos resultados presentados hacen referencia al 2015 y ponen de manifiesto que España continúa por debajo de la media de los países de la OCDE (Organización para la Cooperación y el Desarrollo Económicos) en cuanto a conocimientos matemáticos se refiere. Aunque su posición ha mejorado ligeramente en relación al informe anterior (año 2012), todavía se encuentra a 4 puntos de la media y muy lejos de Singapur, Hong Kong y Macao que ocupan las primeras posiciones.

Por otra parte, el perfil de los estudiantes en las aulas ha cambiado de forma sustancial en las últimas décadas. Se trata de niños y jóvenes nativos digitales que utilizan las Tecnologías de la Información (TIC) en su actividad diaria y como parte fundamental de su ocio: se comunican con sus amigos, se conectan a redes sociales o las utilizan para jugar a videojuegos, entre otras actividades.

Este cambio en la tipología del alumnado, junto con los malos resultados obtenidos en las aulas, evidencian que la metodología docente que se está utilizando en la actualidad no se ajusta al perfil de los estudiantes, puesto que estos no consiguen alcanzan los resultados deseados. Se hace, por tanto, necesario el diseño de nuevas metodologías que permitan mejorar el proceso de enseñanza aprendizaje de las matemáticas.

Por nuestra experiencia docente en las aulas universitarias formando a futuros maestros en Educación Infantil y Educación Primaria, podemos afirmar que la mayoría de nuestros alumnos considera las matemáticas como una asignatura difícil de entender, lo que provoca una predisposición negativa a su aprendizaje. Muchos de los estudiantes se sienten desmotivados y no dedican el tiempo suficiente al estudio de los mismos, lo que se traduce en una mala asimilación de los conceptos que se va arrastrando a lo largo de toda la enseñanza. Esto tiene graves consecuencias para los alumnos, puesto que muchos de los conceptos que se estudian en un curso son base para otros conceptos más complejos que se estudian en cursos superiores, por lo que si no se han asimilado correctamente no permiten que el alumno avance en la adquisición de un aprendizaje matemático significativo.

Ante este panorama surge la cuestión: si los futuros docentes tienen dificultades para aprender matemáticas a lo largo de su proceso de formación, ¿cómo van a ser capaces de formar y motivar adecuadamente a sus futuros estudiantes?

Tal y como se ha comentado con anterioridad, el perfil de los estudiantes ha cambiado de forma sustancial, mientras que las metodologías de enseñanza no han cambiado tanto. Aunque cada vez son más los profesores que utilizan nuevas metodologías que se adaptan mejor a sus estudiantes, todavía son muchos los docentes que siguen utilizando la clase magistral como única metodología docente.

La propuesta didáctica que presentamos trata de dar respuesta a la pregunta planteada, y contribuir a la mejora del proceso de enseñanza-aprendizaje de las matemáticas desde la formación del profesorado. A través de técnicas de *gamificación* diseñamos una propuesta cuyo principal objetivo es incrementar la motivación de los estudiantes universitarios hacia el aprendizaje significativo de las matemáticas.

El concepto de *gamificación*, también denominado ludificación, surge en el año 2008 en el ámbito empresarial, pero rápidamente se extiende hacia otras áreas motivado por los grandes beneficios que se derivan de su aplicación.

Son muchos los autores que han definido y analizado este término, como por ejemplo Zichermann y Cunningham (2011), que lo definen como "un proceso relacionado con el pensamiento del jugador y las técnicas de juego para atraer a los usuarios y resolver problemas", o Marczewski (2013) que considera que la *gamificación* es "la aplicación de metáforas de los juegos a tareas de la vida real para influir en el comportamiento, mejorar la motivación y fomentar la implicación en dicha tarea". También destacan las definiciones dadas por Kapp (2012) o Glover (2013).

Teniendo en cuenta los principales elementos que los citados autores han utilizado para definir este concepto hemos definido la *gamificación* como una herramienta que permite utilizar mecánicas de juego en entornos no lúdicos con el fin de motivar y hacer más atractivas las tareas a los participantes, de tal forma que los resultados obtenidos en la realización de las mismas sean mejores.

Aunque el término *gamificación* es relativamente reciente, es una técnica que se ha venido utilizando desde siempre en el ámbito de la educación, especialmente en la Educación Infantil y en la Educación Primaria, donde es frecuente la realización de actividades de tipo lúdico para la adquisición o el refuerzo de determinados contenidos. Tal y como sugiere Cano (2014) muchas veces los docentes aplican técnicas de *gamificación* sin ser conscientes de ello, puesto que se trata de un término novedoso que desconocen.

A pesar de la elevada implantación de esta técnica en los primeros niveles de enseñanza, no es muy habitual su utilización en ambientes de Educación Superior. Hasta hace unos años no se aplicaban estas técnicas por considerarse inapropiadas a dichos contextos. Sin embargo, la tendencia está cambiando y cada vez son más los docentes que utilizan metodologías novedosas, como la *gamificación*, en contextos universitarios con excelentes resultados. Tal es el caso de los profesores Prieto Martín, A., Díaz Martin, D., Monserrat Sanz, J., y Reyes Martín, E. (2014) que *gamificaron* una asignatura en el Grado de Biología Sanitaria de la Universidad de Alcalá con la técnica de *gamificación flipped classroom with just in time teaching*.

Con experiencias como esta se está constatando que estas nuevas metodologías se adaptan mejor a las características de los estudiantes actuales, que presentan un comportamiento diferente al de las generaciones anteriores, puesto que su forma de aprender y de relacionarse también es diferente.

Además, si se tienen en cuenta los informes Horizon (2011-2017) en su edición Educación Superior, en los que se recogen las principales tendencias de base tecnológica actuales y futuras en el ámbito de la educación, se puede observar que desde 2011 la *gamificación* aparece como una de las metodologías que se irán implementando de forma progresiva en las aulas universitarias en los próximos años, por medio del aprendizaje basado en juegos, la ludificación de actividades y la clase invertida (*flipped classroom*).

Teniendo en cuenta todo lo anterior, consideramos que la *gamificación* es una herramienta muy útil para conseguir aprendizajes significativos en el ámbito de la educación, por lo que hemos decidido utilizarla para diseñar una propuesta didáctica que nos permita enseñar matemáticas a los alumnos del Grado en Educación Primaria.

Objetivos Generales

Los objetivos que nos hemos planteado con esta propuesta son los siguientes:

- Motivar a los alumnos del Grado en Educación Primaria para que disfruten aprendiendo matemáticas.
- Crear una predisposición positiva hacia el aprendizaje matemático significativo.
- Mejorar la asimilación de los conceptos en el aula.

- Fomentar un hábito de estudio para que los alumnos vayan poco a poco afianzando los conceptos, en lugar de estudiar los últimos días solo con el objetivo de aprobar el examen final de la asignatura.
- Concienciar a los futuros maestros del elevado potencial del aprendizaje lúdico
- Concienciar a los futuros maestros de la importancia de implementar nuevas metodologías docentes adaptadas a las necesidades de los alumnos
- Que los propios alumnos sean capaces de desarrollar materiales didácticos que puedan ser utilizados en sus aulas para introducir o reforzar contenidos matemáticos de forma lúdica.
- Contribuir a la mejora de la comunidad educativa, proporcionando materiales didácticos que puedan ayudar a otros maestros a impartir docencia en sus aulas.
- Potenciar el aprendizaje colaborativo.
- Desarrollar el espíritu crítico

Método

La propuesta didáctica que hemos diseñado está pensada para *gamificar* la asignatura Matemáticas y su Didáctica III del Grado en Educación Primaria de la Universidad Rey Juan Carlos (URJC). Esta asignatura es la tercera y última parte del bloque de contenidos matemáticos que los alumnos del Grado en Educación Primaria cursan a lo largo de su carrera.

Estas tres asignaturas se caracterizan por presentar un elevado número de suspensos. Esto se debe, fundamentalmente, al hecho de que tienen un alto contenido matemático que, aunque los alumnos ya lo han estudiado a lo largo de su formación obligatoria, no lo recuerdan o no lo han asimilado correctamente.

La estructura de estas asignaturas, especialmente la segunda y la tercera, incluye una parte de repaso de contenidos matemáticos y otra parte de didáctica. En la parte de didáctica se analizan distintas metodologías para la enseñanza de los contenidos matemáticos repasados, se trabaja con materiales manipulativos, juegos, recursos didácticos digitales... y se aprende a implementar todos estos elementos en un aula para conseguir un aprendizaje significativo de las matemáticas.

Aunque la propuesta didáctica que presentamos se podría utilizar para *gamificar* cualquiera de las asignaturas con contenido matemático del Grado en Educación Primaria, hemos seleccionado la asignatura Matemáticas y su Didáctica III, por ser la que presenta los contenidos matemáticos que resultan más difíciles de entender para los alumnos.

El temario de esta signatura consta de dos bloques de contenidos. En el Bloque I "Transformaciones geométricas y medida" se repasan conceptos matemáticos como la longitud, la superficie, el volumen o los diferentes tipos de simetría, mientras que en el Bloque II "Estadística y probabilidad" se recuerdan tanto conceptos básicos de la estadística descriptiva, como la media, la mediana o la moda, como aquellos propios de la probabilidad como pueden ser el Teorema de Bayes o el Teorema de la Probabilidad Total.

La propuesta didáctica que presentamos consiste en la elaboración, por parte de los propios alumnos del Grado en Educación Primaria, de un blog con material didáctico de tipo lúdico para enseñar matemáticas y estadística a los alumnos de Educación Primaria.

Con esta propuesta se pretende, por una parte, que los futuros docentes repasen y afiancen conceptos matemáticos que no saben o no recuerdan y, por otra, que sean capaces de diseñar material didáctico que puedan utilizar en sus clases en el futuro. De esta forma trabajaremos con los alumnos de grado tanto la correcta asimilación de los contenidos matemáticos, como la implementación de los mismos en el aula.

Para estimular y motivar a los alumnos se les premiará con insignias grupales, cuando consigan determinados logros al desarrollar actividades en grupo, y con insignias individuales cuando destaquen en la adquisición de los conceptos propios de la asignatura. Se creará, por tanto, una competición entre los alumnos, de tal forma que los tres que consigan el mayor número de insignias, obtendrán como recompensa puntos directos en la nota final de la asignatura.

Matemáticas y su Didáctica III es una asignatura que en la URJC se imparte en el primer cuatrimestre, por lo que el plan de trabajo se aplicará durante las 15 semanas que abarca el mismo, desde septiembre hasta diciembre.

Los primeros días de clase, junto con la presentación de la asignatura y los objetivos que se espera que alcancen los alumnos al final de la misma, se les comentará que se va a utilizar una metodología diferente para impartir la asignatura. Se les preguntará, además, por los principales conceptos matemáticos que se van a trabajar en la asignatura, para ver si los alumnos los recuerdan o no, puesto que son conceptos que ya deberían haber estudiado previamente.

Para hacernos una idea más clara del nivel de matemáticas y estadística que tienen los alumnos antes de empezar la asignatura, se les pedirá que contesten un cuestionario con preguntas sencillas acerca de los principales conceptos que se tratarán en el aula a lo largo del cuatrimestre. Este cuestionario se diseñará con la herramienta "Formularios de Google" y se les enviará el enlace a los alumnos a través del aula virtual de la asignatura, para que lo contesten en el aula en la primera sesión de la asignatura.

A continuación, se les comentará que una de las actividades que se va a llevar a cabo durante el cuatrimestre es la elaboración de un blog en el que se recogerá material didáctico elaborado entre todos para trabajar las matemáticas y la estadística con los alumnos de Educación Primaria. Para elaborar este blog se organizarán grupos de trabajo, y se les explicará que pueden obtener recompensas (insignias) si hacen un buen trabajo.

La característica fundamental de este blog es que se trata de un espacio en el que se recoge material didáctico de elaboración propia y con base lúdica. Se espera que las actividades diseñadas por los alumnos sean divertidas y estimulen, tanto a profesores como a alumnos, al aprendizaje significativo de las matemáticas. Además, estará organizado por niveles, de tal forma que haya actividades y contenidos para todos los cursos de Educación Primaria. El blog contará con las siguientes secciones:

- **Sección 1. Conceptos básicos.** En esta sección se recogen aquellos materiales cuyo objetivo sea la explicación de conceptos matemáticos y estadísticos. Puesto que la base del blog es lúdica no se permiten entradas de blog consistentes en las explicaciones clásicas donde exclusivamente se da la definición del término. Los alumnos deberán explicar los contenidos de una forma diferente, como puede ser mediante vídeos explicativos, presentaciones animadas, cómics, representaciones teatrales... Todos estos materiales tienen que ser de elaboración propia.

- **Sección 2. Actividades manipulativas de carácter lúdico.** Esta sección tiene por objeto mostrar cómo se pueden trabajar las matemáticas y la estadística utilizando para ello materiales manipulativos. Aquí los alumnos pueden utilizar materiales manipulativos ya creados, como pueden ser el tangram o el geoplano, o materiales diseñados y elaborados por ellos mismos, como pueden ser tiras de distintos tamaños para trabajar la longitud, o ruletas para generar determinados sucesos de manera aleatoria. Es importante tener en cuenta que muchos de los centros educativos no disponen de suficientes recursos económicos que les permitan comprar materiales manipulativos para utilizar en las aulas, pero con un poco de imaginación es muy fácil crear materiales didácticos con elementos reciclados. Se puede involucrar al alumno en la construcción de los mismos, ya que el haberlos elaborado suele generar una predisposición positiva hacia su posterior utilización en el aula con fines didácticos. En esta sección se incluirán actividades individuales y grupales de tipo colaborativo en las que no exista competitividad entre los alumnos o los grupos. Se pueden incluir tanto actividades manipulativas para trabajar en el aula, como actividades manipulativas para trabajar fuera del aula. En ambos casos los futuros docentes tienen que elaborar una ficha especificando cuáles son los objetivos de la actividad, para qué curso o ciclo de Educación Primaria está indicada, cuál es la duración de la misma, cómo se elabora el material manipulativo (si se trata de un material de elaboración propia), cómo se trabajan los objetivos propuestos, qué dificultades se puede encontrar el alumno al realizar la actividad y cómo tratar de corregir dichos errores, y cómo se puede evaluar el grado de cumplimiento de los objetivos propuestos. En definitiva, la ficha de la actividad debe incluir toda la información necesaria para que cualquier persona que la utilice sea capaz de implementar dicha actividad con éxito.

- **Sección 3. Juegos competitivos.** A diferencia de las actividades incluidas en la sección 2, aquí todas las actividades planteadas tienen que ser juegos de carácter competitivo, que permitan la interacción entre dos o más niños para trabajar los objetivos propuestos. Estos juegos también deben ir acompañados de su correspondiente ficha de juego, en la que hay que especificar cuáles son los objetivos que se plantean, para qué curso o ciclo de Educación Primaria está indicado, el número de jugadores permitido, cómo se construye el juego (si se trata de un juego de elaboración propia) y cuáles son las reglas del juego. Estos juegos también pueden estar pensados para trabajar en el aula o fuera del aula.

- **Sección 4. Actividades lúdicas realizadas con recursos electrónicos.** Esta sección contendrá enlaces a recursos electrónicos que nos permitan trabajar las matemáticas de forma divertida. Los alumnos pueden incluir, videojuegos educativos para trabajar conceptos matemáticos y estadísticos, juegos de preguntas y respuestas para evaluar el grado de conocimientos acerca de un determinado tema, herramientas como el geoplano virtual o un software matemático como el Geogebra. Todos estos enlaces deben ir acompañados de una breve introducción en la que se explique qué objetivos se pueden trabajar con los mismos.

Una vez que se haya explicado cómo se estructura el blog, y el tipo de contenidos que los alumnos tienen que elaborar para incluirlos en las diferentes secciones, se procederá a la creación de los grupos de trabajo, a la distribución de la temática que va a trabajar cada grupo, y a la explicación de la dinámica que se va a seguir para conseguir las insignias grupales.

En la asignatura Matemáticas y su Didáctica III del Grado en Educación Primaria de la URJC suelen matricularse de media unos 80 alumnos por grupo y año, por lo que hemos diseñado la propuesta teniendo en cuenta este valor medio.

Antes de detallar los pasos a seguir para implementar esta propuesta didáctica, mostramos dos figuras en las que se resumen los principales conceptos matemáticos que se trabajan en Matemáticas y su Didáctica III, y que son los que vamos a trabajar con esta metodología.

Magnitudes y medidas
Longitud
Peso
Superficie
Volumen
Amplitud angular y tiempo
Sistema monetario
Transformaciones geométricas
Traslaciones y giros
Homotecia y simetría: axial, rotacional, central

Figura 1: Bloque I Transformaciones geométricas y medida

Estadística descriptiva
Distribución de frecuencias
Media
Mediana
Moda
Cuantiles
Varianza y desviación típica
Probabilidad
Cálculo de probabilidades
Probabilidad condicionada

Figura 2: Bloque II Estadística y probabilidad

Dado que se plantea la propuesta para una media de 80 alumnos, hemos decidido crear 16 grupos de trabajo de 5 integrantes cada uno de ellos. Tal y como se puede observar en las figuras 1 y 2, cada bloque de contenidos se ha dividido en 8 temáticas diferentes, de tal forma que cada grupo de alumnos tendrá que trabajar una temática de cada bloque. Como en cada bloque hay 8 temáticas, y hemos creado 16 grupos de trabajo, cada temática será trabajada por 2 grupos diferentes.

Una vez que los alumnos han creado sus grupos de trabajo, se procederá a la asignación de las temáticas que tendrá que trabajar cada uno de ellos. Esta asignación se realizará mediante sorteo.

La dinámica de las clases consistirá en la explicación y repaso de contenidos matemáticos correspondiente a cada uno de los temas de la asignatura por parte del docente. En estas clases se especificarán cuáles son los contenidos que los alumnos de Educación Primaria deben aprender en cada uno de los cursos, y qué tipo de actividades y materiales pueden utilizar los futuros docentes para explicar dichos contenidos a sus alumnos.

En paralelo al desarrollo de los contenidos en el aula, los dos grupos a los que les haya tocado preparar el contenido temático correspondiente al tema que se está viendo en ese momento, tienen que ir preparando las actividades que se van a incluir en el blog en cada una de las secciones. Cada grupo debe preparar las siguientes actividades:

- **Sección 1. Conceptos básicos.** En esta sección se deberá incluir al menos una propuesta de explicación de los contenidos más importantes de la temática que les ha tocado.

- **Sección 2. Actividades manipulativas de carácter lúdico.** En esta sección cada grupo deberá preparar al menos 3 actividades con las características que se han comentado con anterioridad. Es muy importante que estén bien diseñadas las fichas de cada actividad.

- **Sección 3. Juegos competitivos.** Cada grupo deberá desarrollar al menos 3 juegos competitivos. Al igual que en la sección 2, es muy importante el correcto diseño y elaboración de las fichas de cada juego.

- **Sección 4. Actividades lúdicas realizadas con recursos electrónicos.** En este apartado del blog, cada grupo deberá presentar al menos 5 enlaces a recursos electrónicos para trabajar la temática correspondiente.

Al final de cada tema se planteará una sesión en la que los dos grupos que han preparado la temática correspondiente exponen en clase la propuesta que han realizado, estableciéndose una competición por conseguir insignias entre ambos. Los dos grupos tienen que subir al blog, previamente a su exposición, el material que han preparado para que sus compañeros puedan consultarlo y valorarlo.

Durante la exposición, los demás compañeros de la clase deberán evaluar el trabajo realizado por los dos grupos, puesto que van a ser ellos los que repartan las insignias grupales. Las insignias que estarán en juego en cada una de las competiciones serán las siguientes:

- La propuesta más original y divertida
- La propuesta más clara
- La propuesta que mejor trabaja los objetivos matemáticos
- La propuesta más elaborada

Estas insignias son grupales, por lo que se asignan a cada uno de los miembros del grupo, y se tienen en cuenta en el cómputo general de insignias de cada uno de los estudiantes.

Al finalizar la presentación de las propuestas por parte de los dos grupos, se habilitará en el aula virtual la herramienta "consulta", que permite a los estudiantes decidir a cuál de los dos grupos se le conceden cada una de las insignias. El grupo que obtenga el mayor número de votos en cada insignia es el que la gana.

Además, se establece la denominada insignia de honor. Esta insignia será otorgada por el profesor de la asignatura cuando uno de los grupos haya realizado un trabajo excelente. Esta insignia cuenta el doble, y es el profesor el que decide si la asigna o no. Si ninguno de los dos grupos realiza un trabajo excelente esta insignia no se concede.

Por otra parte, tal y como hemos comentado con anterioridad, además de las insignias grupales por la elaboración de las actividades para el blog, los alumnos pueden conseguir insignias individuales. Estas insignias se obtienen mediante una competición entre todos los alumnos de la clase en la que tienen que demostrar que son los que más saben de la temática que se está tratando.

En paralelo al desarrollo del tema en el aula, los 16 grupos de trabajo tienen que elaborar 5 preguntas tipo test con cuatro respuestas cada una de ellas sobre la temática que se está tratando en ese momento. Se elaborarán, entre todos, un total de 80 preguntas tipo test que se filtrarán para eliminar aquellas que estén repetidas, mal formuladas o que no se adapten al nivel exigido en la asignatura. De esta forma, conseguiremos un amplio banco de preguntas sobre cada uno de los temas de la asignatura, que se introducirán en Kahoot. Esta herramienta permite crear test de preguntas y respuestas con los que se puede establecer una competición entre los alumnos, ya que guarda las respuestas y establece una clasificación entre todos los participantes, de tal forma que se puede ver fácilmente quienes son los que más respuestas correctas han dado.

Al finalizar cada temática, el docente creará un Kahoot con las preguntas que han elaborado los alumnos sobre ese tema, en el que todos los estudiantes participarán de forma individual. Los alumnos mejor clasificados en cada una de las competiciones obtendrán una insignia individual:

- **Insignia del primer clasificado.** La obtiene el alumno que haya obtenido el primer puesto en la clasificación.

- **Insignia del segundo clasificado.** La obtiene el alumno que haya obtenido el segundo puesto en la clasificación.

- **Insignia del tercer clasificado.** La obtiene el alumno que haya obtenido el tercer puesto en la clasificación.

Si se produce un empate en alguno de los puestos de la clasificación, obtendrán la insignia individual todos los alumnos que ocupen el mismo puesto.

Por último, se realizará una competición final de curso en la que se creará un Kahoot con preguntas acerca de todos los temas que se han visto en la asignatura. En esta competición también participarán todos los alumnos de forma individual, pudiendo obtener las siguientes insignias individuales:

- **Insignia el que más sabe de mates.** La obtiene el alumno que haya obtenido el primer puesto en la clasificación.

- **Insignia el segundo que más sabe de mates.** La obtiene el alumno que haya obtenido el segundo puesto en la clasificación.

- **Insignia el tercero que más sabe de mates.** La obtiene el alumno que haya obtenido el tercer puesto en la clasificación.

Una vez realizadas todas las competiciones que permiten la obtención de insignias, tanto individuales como grupales, se realizará el recuento de las insignias que ha obtenido cada uno de los alumnos a lo largo de todas las pruebas realizadas durante el curso. Así, se establecerá una nueva clasificación en función del número total de insignias conseguidas, pasando los alumnos mejor clasificados a obtener las siguientes recompensas:

- **El primer clasificado.** El alumno que haya obtenido el mayor número de insignias obtendrá un punto en la nota final de la asignatura. Si se produce un empate entre varios alumnos, todos obtendrán la misma recompensa.

- **El segundo clasificado.** El alumno que haya obtenido el segundo puesto en la obtención de insignias obtendrá 0,75 puntos en la nota final de la asignatura. Si se produce un empate entre varios alumnos, todos obtendrán la misma recompensa.

- **El tercer clasificado.** El alumno que haya obtenido el tercer puesto en la obtención de insignias obtendrá 0,5 puntos en la nota final de la asignatura. Si se produce un empate entre varios alumnos, todos obtendrán la misma recompensa.

Discusión y conclusiones

La propuesta didáctica que presentamos para *gamificar* la asignatura Matemáticas y su Didáctica III en el grado de Educación Primaria, forma parte de un proyecto que estamos realizando varios profesores de la URJC, con el objetivo de buscar nuevas metodologías de enseñanza que mejoren la motivación de los alumnos y den lugar a aprendizajes significativos.

Una de las ramas de este proyecto se centra en la mejora de la formación del profesorado desde las aulas universitarias, dado el importante papel que van a desempeñar los futuros maestros en la formación de los alumnos de Educación Infantil y Primaria. Pensamos que, si los futuros maestros están motivados y se divierten en su aprendizaje, podrán trasladar es entusiasmo a sus alumnos, creando pautas y rutinas de aprendizaje muy positivas desde la infancia, lo que puede contribuir a la mejora del Sistema Educativo desde su base.

La propuesta que presentamos se encuentra todavía en fase de desarrollo, pero se realizó una experiencia previa, también en el grado en Educación Primaria, mediante la cual a través del aprendizaje lúdico y apoyado en las Tecnologías de la Información (TIC) se diseñó y se puso en práctica durante el curso 2015-2016 una nueva metodología didáctica para aprender literatura. Esta experiencia fue coordinada por la Dra. Belén Puebla, y obtuvo unos excelentes resultados, obteniendo el primer premio de Prácticas Educativas Innovadoras de la URJC en la 3ª edición de los premios Profesores Innovadores. Con esta experiencia se consiguió, además del reconocimiento por parte de los expertos, un elevado grado de motivación e implicación de los alumnos hacia el aprendizaje de la literatura, y la potenciación del trabajo colaborativo (Puebla, 2017).

A raíz de los buenos resultados obtenidos, se planteó el diseño de una propuesta de carácter lúdico, basada en técnicas de *gamificación*, para el aprendizaje de las matemáticas en el Grado de Educación Primaria. Tal y como hemos comentado con anterioridad, en general, un gran número de alumnos de todos los niveles educativos considera difícil el aprendizaje de las matemáticas y tiene una predisposición negativa hacia el estudio de la misma, lo que se traduce en los malos resultados que obtienen los estudiantes cuando se examinan de estos contenidos. Con esta propuesta, lo que se pretende es mejorar la motivación del alumno hacia el estudio de las matemáticas, contribuyendo a la mejor asimilación de los conceptos. Esta propuesta didáctica se ha diseñado a lo largo del curso 2017-2018 y se pondrá en práctica en el próximo curso académico 2018-2019.

Como futuras líneas de investigación, además de implementar la propuesta didáctica que hemos diseñado para la asignatura Matemáticas y su Didáctica III, trataremos de medir el impacto de la aplicación de esta técnica en los resultados académicos de los estudiantes. El objetivo será determinar si los alumnos han incrementado su motivación con esta nueva metodología, y si eso se traduce en un incremento en el porcentaje de aprobados en la asignatura.

Por último, también nos planteamos como futura línea de investigación diseñar e implementar propuestas didácticas similares a la que presentamos, basadas en el aprendizaje lúdico, en técnicas de *gamificación* o en *flipped learning*, entre otras metodologías, para diferentes asignaturas del Grado en Educación Primaria, como pueden ser Matemáticas y su Didáctica I o Matemáticas y su Didáctica II.

Referencias bibliográficas

Cano, José Ángel (2014) España, un gran mercado para la gamificación, The Valley Digital Business School

Glover, I. (2013). Play as you learn: gamification as a technique for motivating learners

Kapp, K. (2012). The Gamification of Learning and Instruction: Game-Based Methods and Strategies for Training and Education. San Francisco: John Wiley & Sons

Marczewski, A. (2013). Gamification: a simple introduction. Andrzej Marczewski. (pp. 266-272). Springer International Publishing

OCDE PISA 2015 results: Excellence and Equity in Education (Vol I) Published on December 06, 2016 URL: http://www.oecd.org/education/pisa-2015-results-volume-i-9789264266490-en.htmTaylor, C. y Pérez, J. (Eds.) (2001). *Multiculturalism*. Montreal: Delachaux

Prieto Martín, A., Díaz Martin, D., Monserrat Sanz, J., & Reyes Martín, E. (2014). Experiencias de aplicación de estrategias de gamificación a entornos de aprendizaje universitario. Revision, 7(2)

Puebla, B. (2017) "Aula de literatura: aplicaciones didácticas para dispositivos móviles desde el trabajo colaborativo" en Sierra, J. (coord.) *Nuevas tecnologías audiovisuales para nuevas narrativas interactivas digitales en la era multidispositivo*, Madrid: McGraw-Hill, ISBN: 9780008501563.

The New Media Consortium (2011-2017). NMC Horizon Report: 2017 Higher Education Edition. Austin: Texas. URL: https://www.nmc.org/publication-type/horizon-report/

Zichermann, G. y Cunningham, C. (2011). Gamification by Design: Implementing Game Mechanics in Web and Mobile Apps. Cambridge, MA: O'Reilly Media

CAPÍTULO VI

APRENDER A ENSEÑAR MATEMÁTICAS A TRAVÉS DE LOS JUEGOS INFANTILES

Ana Isabel Cid Cid
Universidad Rey Juan Carlos, España

Rocío Guede Cid
Universidad Rey Juan Carlos, España

Belén Puebla-Martínez
Universidad Rey Juan Carlos, España

Resumen

En el presente capítulo pretendemos ofrecer a la comunidad educativa la creación de un repositorio con juegos para el aprendizaje de las matemáticas en el segundo ciclo de Educación infantil. Para ello, se tendrá en cuenta como trabajo de campo las actividades colaborativas realizadas por futuros docentes que ya han estado en contacto con niños, los alumnos de 4º Grado de Educación infantil de la Universidad Rey Juan Carlos. En este repositorio se encontrarán diferentes juegos que se podrán realizar por los niños, es decir, será un trabajo global: desde la creación y construcción del juego – mediante unas sencillas instrucciones– hasta la realización del juego en sí, con las normas a cumplir y los objetivos a conseguir. Este repositorio, online y gratuito, servirá como base de juegos educativos y manipulativos, tanto para otros docentes como para las familias de los discentes.

Palabras claves

Matemáticas, aprendizaje, ludificación, Primaria

Introducción

Es incuestionable la importancia que tiene la etapa de Educación Infantil, desde el nacimiento del niño hasta los seis años. En esta etapa se sientan las bases del desarrollo afectivo, social, físico e intelectual de los niños. Entre los objetivos de la etapa que establece el REAL DECRETO 1630/2006, de 29 de diciembre, por el que se establecen las enseñanzas mínimas del segundo ciclo de Educación infantil, se encuentra el de iniciarse en las habilidades lógico-matemáticas, en la lecto-escritura y en el movimiento, el gesto y el ritmo. Las matemáticas juegan un papel primordial en la etapa de Educación Infantil, ya que es en esta etapa donde se forman las bases de los aprendizajes posteriores.

Tanto el aprendizaje de las matemáticas como la metodología empleada en su enseñanza tienen una importancia fundamental en nuestros días. La comprensión de los conceptos matemáticos en Educación Infantil depende en gran medida de la metodología que utilice el maestro en el aula.

Como docentes la cuestión fundamental que nos debemos plantear es cómo podemos trabajar en esta etapa educativa diferentes conceptos matemáticos como el pensamiento lógico-matemático, la exploración del espacio y geometría, los números y las magnitudes y medidas. Esta etapa de educación infantil, el segundo ciclo, se caracteriza por su carácter global. El aprendizaje de las matemáticas no se hace de forma aislada, sino que se lleva a cabo en distintos momentos de la jornada escolar y se integran en las diferentes áreas del segundo ciclo de Educación Infantil. Berdonneau (2007) afirma que el aprendizaje en la etapa de Educación Infantil es globalizado al trabajar de forma conjunta distintos contenidos. De esta manera, cuando se realiza una tarea en el aula se desarrollan contenidos matemáticos sin que fuera desarrollada específicamente para ello y, de la misma forma, cuando se trabajan las matemáticas estaremos trabajando otros temas transversales.

Bishop (1998) establece que hay seis actividades matemáticas importantes que practican todos los grupos culturales y constituyen la base del conocimiento matemático: contar, localizar, medir, dibujar, explicar y jugar. En este trabajo nos centraremos en el juego y su estrecha relación con el desarrollo del conocimiento matemático.

El juego como herramienta de aprendizaje del conocimiento matemático

El juego es un recurso de aprendizaje muy útil, tanto por su valor didáctico como por su gran potencial educativo. El juego es universal y se asocia con la infancia; desde edades muy tempranas los niños lo utilizan como forma de expresión. Trabajar los conceptos matemáticos de forma lúdica y manipulativa a través de estos juegos va a ayudar a despertar la curiosidad del niño, involucrarlo en el proceso de enseñanza-aprendizaje haciendo que interactúe con el entorno y resto de compañeros, darles protagonismo en sus aprendizajes, lograr aprendizajes significativos...

Cuando introducimos el juego en el aula, los niños se muestran motivados, les produce diversión, entusiasmo, interés. Cuando los niños comparten un determinado juego se relacionan. A través de la interacción se produce el dialogo entre ellos, las negociaciones, la cooperación, tienen que verbalizar las acciones que están realizando y esto facilita la comprensión y la interiorización de los conocimientos. La enseñanza de las matemáticas hace que sea activa, creando situaciones de aprendizaje en las cuales los niños pueden experimentar, investigar, descubrir, reflexionar, desarrollar su imaginación.

No todos los autores entienden el juego de la misma manera, existiendo múltiples definiciones del mismo. Así, por ejemplo, en sus estudios sobre la inteligencia Piaget (1967) reconoce que el juego infantil potencia el desarrollo de los factores mentales. Para este autor el juego forma parte de la inteligencia del niño, pues representa el desarrollo cognitivo del niño pasando por diferentes etapas. Según él, el juego está ligado a las capacidades sensitivas, motrices, cognitivas, simbólicas y de razonamiento, pues a la vez que estas capacidades se van desarrollando los tipos de juego se van modificando y adaptando a ellas.

El juego es además una acción voluntaria que sigue unas reglas aceptadas libremente, que aporta tensión y alegría y que es algo diferente al ritmo de la vida corriente (Huizinga, 1968). Es importante también su carácter social puesto que el niño al someterse a unas reglas aprende a relacionarse con los demás con respeto y adquiere conocimientos del entorno que le rodea.

A partir de estas concepciones se puede afirmar que el juego es un acto voluntario que forma parte de la vida de los niños. Además tiene reglas y es un elemento socializador que fomenta el aprendizaje de conceptos y elementos del entorno. Algunas características que diferencian el juego de una actividad de trabajo no lúdica son su carácter libre, placentero, voluntario o activo. El juego matemático debe generar aprendizajes significativos, deben favorecer la manipulación y la acción, debe permitir la socialización, debe facilitar la elaboración de representaciones mentales y desarrollar habilidades para el pensamiento matemático.

Alsina (2001) elabora un decálogo del juego con el que pretende mostrar el carácter pedagógico del juego, y la necesidad de que se utilice el juego como recurso en el aula de matemáticas. Este decálogo es perfectamente válido hoy en día. De nuevo en él se habla del carácter socializador del juego, la motivación que produce en el niño las actividades lúdicas o el respeto a la diversidad.

Los juegos matemáticos tienen que ser juegos pedagógicos y no sólo lúdicos, ya que se desarrollan con la intención de provocar un aprendizaje significativo, estimular la construcción de nuevos conocimientos y facilitar el desarrollo de habilidades lógicas y operacionales. (Antunes, 2006)

A partir de lo planteado anteriormente, se deben tener en cuenta una serie de aspectos a la hora de elaborar un juego matemático: las reglas del juego han de ser adecuadas y adaptadas al grupo de niños que van dirigidas, sencillas y comprensibles por ellos; deben partir de los intereses de los niños y respetar su ritmo de aprendizaje; los juegos tienen que ser atractivos para que cumplan la función del juego, sin olvidar su valor pedagógico y, por último, es muy importante que el niño aprenda jugando, explorando, compartiendo experiencias…

En resumen, gracias a la utilización de los juegos matemáticos en el aula los niños aprenden manipulando, experimentando, motivados con los materiales que les ofrecemos y van adquiriendo poco a poco los conceptos que queremos trabajar sintiéndose los verdaderos protagonistas.

Trabajo de campo en el Laboratorio de Juegos Matemáticos

Durante siete cursos académicos hemos impartido la asignatura Laboratorio de Juegos Matemáticos en el Grado de Educación Infantil de la Universidad Rey Juan Carlos, en cuarto curso. Los estudiantes que la han cursado ya habían hecho prácticas en aulas de Educación Infantil y el contacto con los niños de tres a seis años les ha permitido observar directamente el uso que hacen ellos de los juegos, los contenidos que se explican su desarrollo motriz, intelectual, etc., y han podido preparar juegos adecuados para enseñar diferentes contenidos matemáticos.

Como parte de la evaluación de la asignatura, los estudiantes del Grado realizaron para cada uno de los bloques temáticos (I. "El pensamiento lógico", II. "La estructuración del espacio y la geometría", III. "El ámbito numérico", IV. "Magnitudes y medidas") una recopilación de tres o cuatro juegos; elaboraron la ficha de los mismos y construyeron uno de ellos para trabajar con los alumnos en el aula de Educación infantil. A continuación se muestra una ficha orientativa que puede utilizarse para describir los elementos principales del juego.

FICHA DEL JUEGO

BLOQUE TEMÁTICO: Indicar el bloque temático al que pertenece

JUEGO: Nombre del juego

EDAD: indicar la edad o nivel

MATERIAL: material necesario

NÚMERO DE JUGADORES: individual o colectivo, número fijo de jugadores o un intervalo

REGLAS: Describir las reglas del juego

COMPETENCIAS/OBJETIVOS/CONTENIDOS: Qué trabajamos (justificado)

VOCABULARIO QUE SE TRABAJA (en relación a los objetivos pedagógicos)

DIÁLOGO O COMENTARIO POSTERIOR (en el aula de educación infantil, con los alumnos: cómo fijar ideas y conceptos a partir del juego)

Es importante resaltar que las fichas recogen tanto juegos existentes en el mercado: juegos tradicionales con una gran implantación como el juego "Quien es quien" o el "Juego de la Oca"; como juegos originales que los estudiantes crearon para la asignatura. En cada bloque temático los estudiantes del Grado construyeron un juego para utilizar en el aula de Educación infantil, con materiales reciclables o materiales que fácilmente pueden estar a disposición de un maestro de Educación Infantil. Estos juegos pueden estar basados en juegos ya existentes, la ventaja es que se pueden construir con los alumnos en el aula, con la orientación del maestro, y estos empiezan a participar en el juego desde un principio.

Propuesta de repositorio de juegos *online* para trabajar las matemáticas

A lo largo de estos años son muchos los juegos que han construidos los estudiantes universitarios, que queremos poner a disposición de los educadores y padres como un recurso educativo más para la enseñanza de las matemáticas. Para ello se elaborará un repositorio on line en el que se pueden consultar las fichas del juego y las etapas para construir el mismo. En la página web se mostrará la descripción de la elaboración del juego que se ha creado incluyendo fotografías del proceso, los materiales utilizados...

Para ordenar y etiquetar los tipos de juegos que se recogerán en el repositorio se atiende a distintos criterios, por un lado será posible seleccionar los juegos por edad del niño y, por otro, por contenido temático. En este último caso se clasifican atendiendo a los siguientes contenidos:

- **Juegos de pensamiento lógico:** son juegos que permitirán al niño ir construyendo su razonamiento lógico-matemático. Este desarrollo se debe llevar a cabo de manera progresiva, permitiendo que el alumnado vaya estructurando la mente, vaya desarrollando la capacidad de razonar; y de manera importante consiga interpretar el mundo que le rodea. Para lograr desarrollar este razonamiento lógico-matemático en las primeras edades se hará a través de juegos que utilicen cualidades sensoriales como colores, formas, texturas, tamaño; y relacionados con las tres nociones matemáticas básicas que, de acuerdo con Canals (1992), conforman el ámbito de la lógica en la Educación Infantil: relaciones de equivalencia y orden, agrupaciones y operaciones o cambios de cualidades.

- **Juegos de estructuración del espacio y la geometría**: se refieren a aquellos destinados a trabajar al estudio de los objetos tridimensionales, haciendo hincapié en sus propiedades, transformaciones y atributos físicos y visuales, pero también se preocupan del espacio y las características que lo componen. Se trabajarán conceptos como arriba/abajo, dentro/fuera, izquierda/derecha, y los conocimientos básicos de geometría como, círculo, triángulo, cuadrado...

- **Juegos de ámbito numérico**: se trabajarán fundamentalmente los números y sus múltiples relaciones y operaciones, así como del desarrollo de estrategias y situaciones que sirvan para su manejo. Antes de llegar a la idea de número el niño realizará actividades de clasificaciones y correspondencias para así, poco a poco, asimilar los conceptos numéricos y los signos correspondientes.

- **Juegos de magnitudes y medidas**: Se refieren a aquellos juegos que permiten el desarrollo del denominado pensamiento métrico, mediante los cuales, los niños, además de conocer conceptos como la masa, longitud, peso, van a ser capaces de establecer relaciones entre las variables mediante la medición y la percepción.

A pesar de seguir esta clasificación, muchos de los juegos recogidos podrían haberse incluido en uno u otro de los bloques, demostrando así el carácter global e integrador que tienen las matemáticas. La asignación a un bloque concreto se debe al predominio de dichos contenidos en el juego.

Estructura del repositorio online

La página web se planteará del siguiente modo:

EDAD	BLOQUE TEMÁTICO
• 3-4 años(1º Curso de Educación Infantil, segundo ciclo) • 4-5 años (2º Curso de Educación Infantil, segundo ciclo) • 5-6 años (2º Curso de Educación Infantil, segundo ciclo)	I. "El pensamiento lógico" II. "La estructuración del espacio y la geometría" III. "El ámbito numérico" IV. "Magnitudes y medidas"

En cada uno de los apartados aparecerá el listado de juegos, si pinchamos en cada uno de ellos se podrá consultar la ficha del juego y el proceso de elaboración del mismo. A modo de ejemplo se muestra a continuación dos de los juegos que se incluirán en el repositorio, uno de ellos para niños de 3-4 años y el otro para 5-6 años, de los bloques I y II.

Bloque: la estructuración del espacio y la geometría

Juego: Memory figuras geométricas

Autores: Barreto Sagarribay, Lianet; Madrigal Aguilera, Laura; Sánchez Cifuentes, Nerea. Curso académico 2015-16. Grado en Educación Infantil Semipresencial. Universidad Rey Juan Carlos

Nivel: 3-4 años (1º curso de Educación infantil, segundo ciclo).

Material: cartulinas, rotuladores, y papel para plastificar.

Número de jugadores: Esta actividad se podrá realizar de manera individual, hasta un grupo de máximo 4 alumnos.

Reglas del juego: Previamente se mostrarán todas las cartas, se comentarán las figuras que allí aparecen (ya conocidas previamente), se mezclarán las cartas y se repartirán por la mesa de una manera ordenada y boca abajo. Por turnos los alumnos deberán destapar una carta y seguidamente destapar otra que creen que puede ser la pareja exactamente igual. Si no son iguales, se vuelven a poner boca abajo y pasa el turno. Si acierta y encuentra una pareja, pueden seguir intentándolo. Esta actividad la podemos diseñar en función de la dificultad, combinando forma y colores y añadiendo más figuras al *memory*. Ganará el grupo que antes acabe el *memory*.

- Deben respetarse los turnos.
- Primero se levantan una carta y luego la otra.
- Solo se pueden levantar dos cartas por turnos.
- Si aciertas, puedes seguir intentándolo.

Objetivos:

- Reconocer las formas trabajadas en el aula.
- Relacionar formas: correspondencias (aparejamientos según la forma).

Vocabulario que se trabaja: Figuras geométricas, cuadrado, triangulo, rectángulo, circulo, iguales, diferentes.

Diálogo o comentario posterior: Hablaremos con los alumnos, sobre el juego, si les ha gustado, que nos cuenten qué ha ocurrido. Si han encontrado las parejas ¿Cuántos cuadrados había? ¿Y triángulos? ¿Cómo son los triángulos? ¿Y los círculos?

Elaboración del juego:

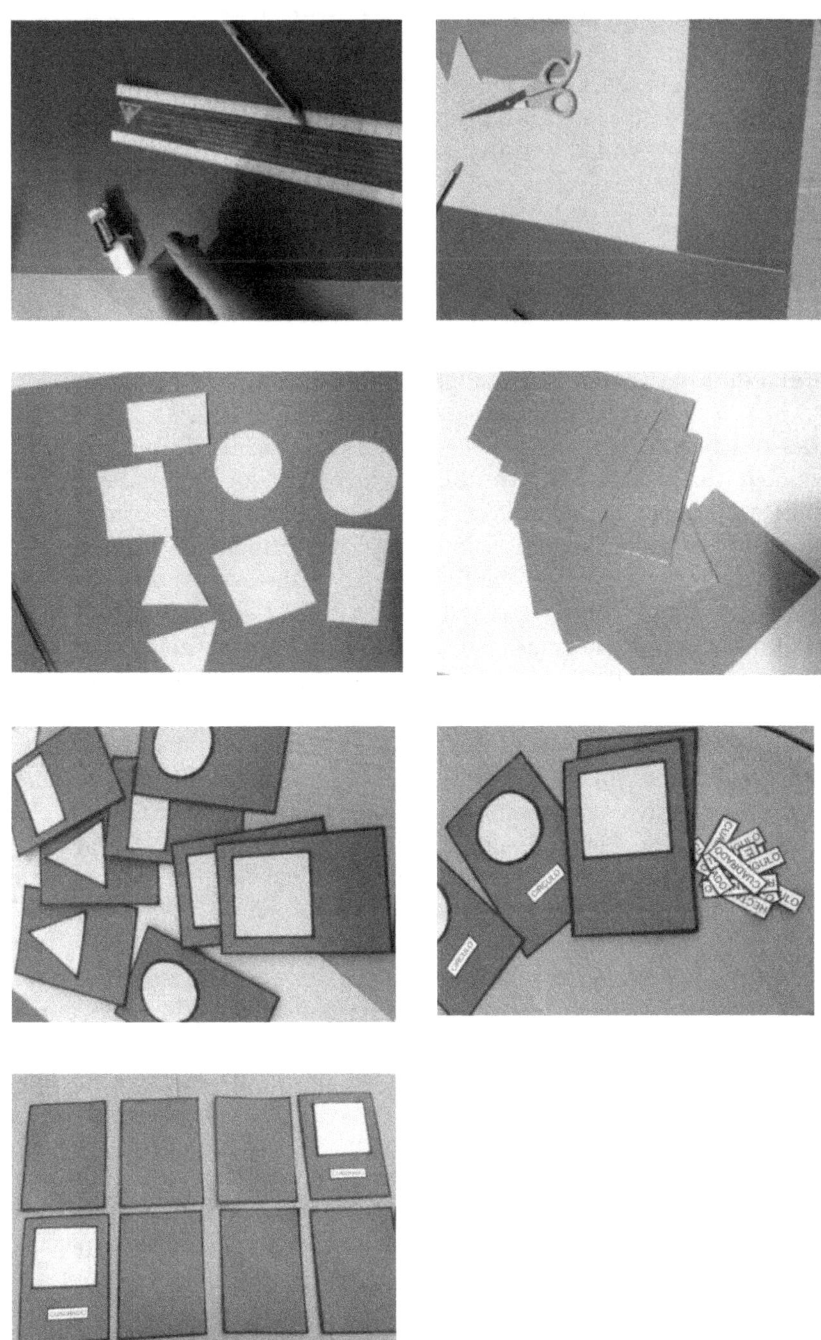

Bloque: el pensamiento lógico

Juego: ¡A comer fruta!

Autores: Valero Fraile, Celia; Picazo Valencia, Cristina; Manzanares Palacios, Verónica. Curso académico 2015-16. Grado en Educación Infantil Semipresencial. Universidad Rey Juan Carlos

Nivel: 5-6 años (3º curso de educación infantil, segundo ciclo).

Material: Un tablero, un dado, la pieza que representa al jugador, 36 billetes (12 billetes de uno, 12 billetes de dos, y 12 billetes de tres).

Número de jugadores: De 2 a 4 jugadores.

Reglas del juego: Los jugadores si sitúan en la casilla de salida con la pieza que hayan elegido y con tres billetes de cada valor (tres billetes de 1, tres billetes de 2 y tres billetes de 3). Comienzan a tirar el dado y arranca el jugador que tenga mayor puntuación, después continuarán en sentido de las agujas del reloj. A medida que tiran el dado van cayendo en diferentes casillas: unas tienen frutas, otras son casillas de la suerte, hay una de parking (que es una casilla normal), hay otra de "habla con un vecino" y te salta un turno, y otra de "Alto no comas fruta" que hace retroceder una casilla.

Si los niños caen en una casilla de fruta y quieren comprar una de ellas, tendrán que pagar el precio que pone en el tablero, con el dinero que tiene cada uno. El objetivo será comprar al menos una fruta de cada color. El profesor u otro niño (dependiendo del número de jugadores), llevarán la cuenta de las frutas que van comprando los niños. Cuando alguno haya comprado todas las frutas de un mismo color, este gana.

Contenidos: Los números y las operaciones, los colores (amarillo, rojo, naranja, verde), utilización del conteo como estrategia de estimación, aproximación a la cuantificación de colecciones, observación y toma de conciencia de la funcionalidad de los números en la vida cotidiana, iniciación a la suma y la resta.

Objetivos: Conocer y utilizar los números para contar elementos, iniciarse en la suma, conocer y diferenciar las diferentes frutas, iniciarse en la estimación y comparación de diferentes cantidades, aceptar las normas que hacen posible el juego.

Competencias: Adquieren competencias matemáticas para añadir, comparar y estimar diferentes elementos, además adquieren competencias lingüísticas porque tienen una serie de frutas que debe aprender y recordar, además de establecer una buena relación con los demás compañeros. También adquieren competencias de iniciativa, porque en cada jugador queda la posibilidad de comprar o no comprar, lo que conlleva una responsabilidad.

Vocabulario: Números (cardinales y ordinales), colores, nombres de frutas (uvas, pera…).

Diálogo y comentario posterior: El juego comienza con todos los niños en la casilla de salida. Van tirando el dado, ven qué número les sale y mueven ficha. En cada casilla tendrán la opción de comprar o no comprar "He caído en la manzana, pero no voy a comprarla porque ya he comprado la fresa, y necesito conseguir todas las frutas rojas" o "Oh no, he caído en las cerezas pero no tengo más dinero para seguir comprando" Entonces esperaremos para ver si el niño piensa en otras alternativas, sino, podemos ayudarles con algún comentario "Quizás tienes alguna fruta que algún compañero puede necesitar" de esta manera introduciremos otro concepto como es el de vender porque ya no le queda dinero.

Elaboración del juego:

Recortamos un trozo de cartón y lo dividimos en cuadriculas.

En varios folios dibujamos las frutas (con la misma medida de las cuadrículas)

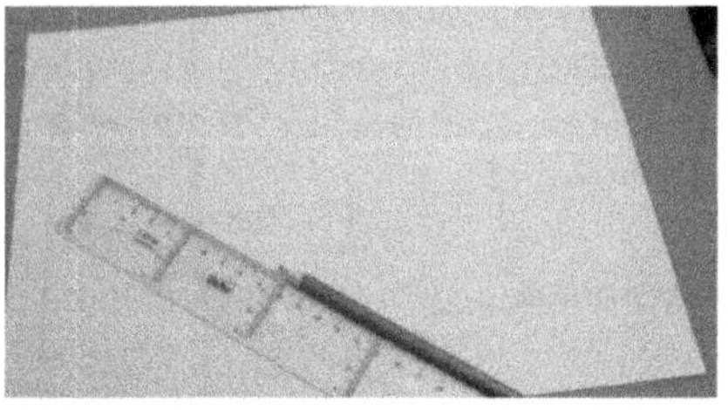

Pintamos las frutas y las repasamos

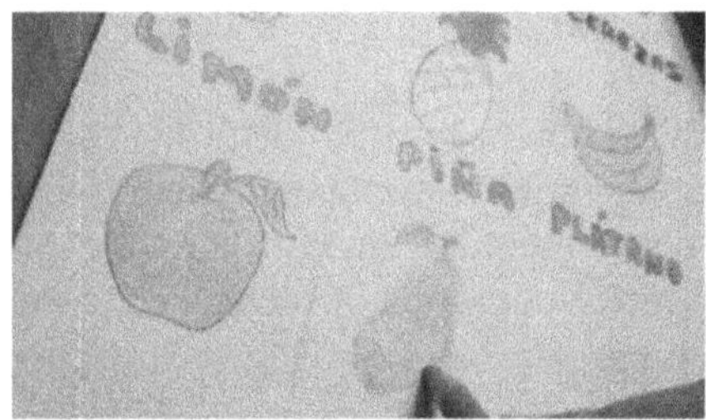

Hacemos las tarjetas de la suerte y los billetes (y lo recortamos)

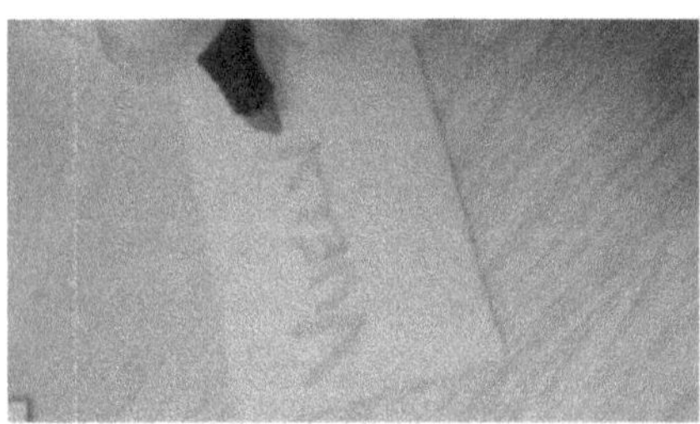
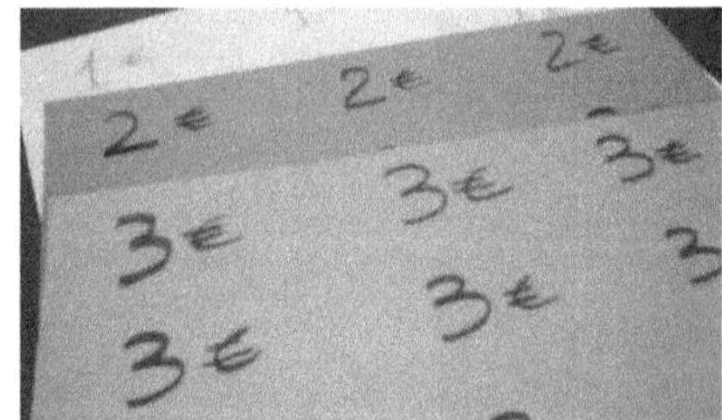

Creamos nuestro dado con cartón y lo rodeamos de cinta de carrocero.

Ya con las tarjetas hechas, coloreadas y recortadas.

¡A jugar!

Conclusiones

La creación de un repositorio online de diferentes juegos con diversos fines para el aprendizaje de las matemáticas supone un trabajo de innovación educativa puesto que se involucran en un mismo proyecto a futuros docentes, a docentes en activo, a los alumnos y a los familiares de los mismos. Además no solo se va a trabajar el aprendizaje de las matemáticas sino que incluye la creación por los propios niños, con ayuda de los mayores, de un juego. Es decir, permite trabajar la psicomotricidad fina logrando una perfecta sinergia con el trabajo en habilidades lógico-matemáticas, en la lectoescritura y en el movimiento, el gesto y el ritmo.

Tanto para los docentes como para los padres y familiares supone un aporte de creatividad –e incluso un ahorro económico– además del aprendizaje del trabajo colaborativo con sus alumnos e hijos. El tener un juego realizado por ellos mismos le confiere un valor añadido para los niños: crear un juego manualmente y aprender jugando.

El espacio online se ampliará en un futuro para que sea más dinámico y participativo. En cada juego se añadirá un espacio para que los docentes que lo hayan probado en sus aulas puedan incluir una valoración del mismo, así como propuestas de mejora o variantes del juego. Estos valiosos comentarios basados en la experiencia aportarán un valor añadido al juego porque se habrá probado si los objetivos planteados en la construcción y utilización del mismo se han alcanzado o es necesario redefirnirlos.

Referencias bibliográficas

Alsina, A. (2001). Matemáticas y juego. *Uno: Revista de didáctica de las matemáticas*, 26.

Antunes, C. (2006). Las inteligencias múltiples. México D.F.: Alfaomega.

Berdonneau, C. (2007). Matemáticas activas (2-6 años) (Vol. 24). Barcelona: Graó.

Berga, M. (2013). El juego con materiales manipulativos para mejorar el aprendizaje de las matemáticas en Educación Infantil: Una propuesta para niños y niñas de 3 a 4 años. *Edma 0-6: Educación matemática en la infancia*, 2(2), 63-93.

Bishop, A. (1998). El papel de los juegos en la educación matemática. *Uno. Revista de didáctica de las matemáticas*, 18, 9-19.

Canals, M. A. (1992). Per una didáctica de la Matemática a l`escola. Barcelona: Eumo.

Guzmán, M. (1989). Juegos y Matemáticas. *Revista SUMA*, nº4, 61-64.

Huizinga, J. (1968). Homo Ludens. Buenos Aires: Emecé Editores.

Piaget, J. (1967). Seis estudios de psicología. Barcelona, España: Editorial Seix Barral.

CAPÍTULO VII

ACTIVIDADES PARA TRABAJAR LA INTELIGENCIA EMOCIONAL EN UNA EXPERIENCIA DE APRENDIZAJE GAMIFICADA EN EDUCACIÓN SUPERIOR

María Luisa Calatayud Estrada
Universidad Complutense de Madrid, España

Resumen

Se presenta una experiencia de aprendizaje gamificada en una asignatura del Máster de Educación Especial de la Facultad de Educación y Centro de Formación del Profesorado de la Universidad Complutense de Madrid.

Esta propuesta de **intervención** en el aula ha permitido mejorar los niveles de participación y cohesión del alumnado a través del uso de la técnica de aprendizaje cooperativo, Jigsaw, el empleo de Tecnologías del Aprendizaje y el Conocimiento (TAC) y de Tecnologías para el Empoderamiento y la Participación (TEP), así como del uso de las redes sociales en el aula, al servicio de la adquisición de conocimiento y competencias profesionales, sirviendo como puente de acceso para superar las dificultades de aprendizaje en el aula

Palabras claves

Gamificación, ludificación, metodologías activas, aprendizaje cooperativo, inteligencia emocional, autoconcepto, dificultades de aprendizaje.

Introducción

El ámbito de la educación formal, principalmente, en distintas etapas y niveles educativos, lleva unos años mostrando distintas facetas acerca de cómo recuperar y mantener esa curiosidad transformada en motivación "sostenida" de los estudiantes durante el proceso de enseñanza- aprendizaje que se da dentro y fuera del aula.

Leemos reseñas en los medios de comunicación, en las redes sociales, en artículos de investigación, acudimos a tertulias y debates sobre educación, asistimos a las sesiones formales de Formación del Profesorado junto a la realización de Cursos Masivos de Formación Online (MOOCs) elaborados por el Instituto Nacional de Tecnologías Educativas y Formación del Profesorado (INTEF) e incluso, no siendo suficiente con esto, creamos, administramos y pertenecemos a distintas comunidades informales de aprendizaje, donde compartimos conocimientos y experiencias, donde se intercambian usos y aplicaciones de metodologías y herramientas para la creación de contenidos analógicos y digitales que disparen y mantengan esos bienes tan preciados como son la atención y la motivación del alumnado hacia el aprendizaje de un conocimiento, destreza o competencia.

En el caso del Espacio Europeo de la Educación Superior (EEES) y, dentro del área de la Formación del Profesorado, inspirar la Educación Universitaria desde una perspectiva de la persona, como señalaran Knight y Tait (1996) es tan real como necesario.

Como señala Knight (2008), se ha de propiciar el cambio de paradigma de la "enseñanza centrada en el docente" hacia "el aprendizaje que ha de conseguir el estudiante- futuro profesional" a través de aprendizajes profundos y complejos. En el caso de la formación de las nuevas generaciones de maestros y profesores, conseguir profesionales competentes y comprometidos con la Educación y preparados ante el desarrollo de los avances tecnológicos del siglo XXI, es una ardua labor.

Para materializar este cambio, el aprendizaje del alumno ha de convertirse en un aprendizaje autónomo, crítico y reflexivo, en donde el docente puede organizar su materia teniendo en consideración la adecuación a tiempos y espacios.

Tal y como menciona Prensky (2011), mayoritariamente, en las instituciones de Educación Superior, persiste el modelo educativo diseñado durante el periodo industrial, centrado en la figura del docente y asentado en la transmisión de conocimientos de forma unilateral, donde el estudiante, actor pasivo, trabaja solo, absorbiendo el contenido que le transmite el profesor. De acuerdo con esto, resulta imprescindible que el aprendizaje se centre en el alumnado, en inculcarle el uso y manejo de nuevas herramientas que le permitan encontrar información, dar sentido y crear. Los docentes han de preguntar, orientar y guiar ese aprendizaje, proporcionando un contexto, garantizando el rigor y el sentido y, por supuesto, asegurando resultados de calidad (Prensky, 2011).

Por otro lado, el auge en el uso metodologías activas en el aula, sobre todo, de experiencias gamificadas en niveles educativos inferiores a los estudios universitarios, hace pertinente y necesario, incorporar este tipo de actuaciones a los espacios de Educación Superior, sobre todo en aquellos estudios de Grado y Máster que configuren la formación del futuro maestro de Educación Infantil y Primaria y profesorado de Educación Secundaria Obligatoria (ESO).

Según la Teoría del Aprendizaje Gamificado (Landers, 2014), el término gamificación o ludificación, adoptado del inglés *gamification*, hace referencia al empleo de componentes, mecánicas y dinámicas de juego propias del entorno de los videojuegos fuera de este contexto, con la finalidad principal de influir sobre el comportamiento de las personas, además de otros objetivos secundarios como crear y producir experiencias, crear sentimientos de dominio y autonomía, así como del disfrute de la propia experiencia (Hamari & Koivisto, 2013), potenciar la motivación, la concentración, el esfuerzo y otros valores positivos comunes a todos los juegos (González, Cantú, & Maldonado, 2017). Para Zichermann y Cunningham (2011) definen la gamificación como un proceso relacionado con el pensamiento de jugador y las técnicas de juego para atraer a los usuarios y resolver problemas.

La gamificación está fundamentada sobre las teorías motivacionales de la Autodeterminación, así como de la motivación extrínseca e intrínseca (Blohm & Leimeister, 2013). De acuerdo a los hallazgos encontrados en la Teoría de la Autodeterminación formulada por Ryan y Deci (2002), las tres necesidades psicológicas innatas: competencia, autonomía y relacionarse con otros, facilitan o dificultan los procesos naturales de la automotivación (motivación intrínseca), de la autorregulación y del desarrollo psicológico saludable.

La aplicación de la gamificación como herramienta de éxito para conseguir cambios de comportamiento y actitudinales sobre las personas lleva practicándose desde hace tiempo en varios campos profesionales (gestión de recursos humanos, marketing, salud, etc.), aun cuando su base científica es en algunas ocasiones discutida (Lee & Hamme, 2011).

Otra de las características de la gamificación es que se puede emplear de forma seccionada, aplicando los componentes, las mecánicas y las dinámicas que consideremos más adecuadas en un momento determinado (Schell, 2008).

Otro de los factores considerados dentro de esta experiencia de aprendizaje gamificada ha sido, la importancia de la educación emocional dentro del aula.

Hace unos años, se publicó a través de la Comisión Internacional sobre la Educación para el siglo XXI de la Unesco, el informe *"La Educación encierra un tesoro"* (Delors, 1996). En él se hacía una advertencia a los cambios de estilo de vida a los que está sometido el mundo contemporáneo, observando las tensiones que estos cambios provocan y sugiriendo las posibles soluciones y alternativas para la educación del siglo XXI, donde el papel de las emociones y la necesidad de educar las demandas emocionales del ser humano junto a su dimensión cognitiva, como señala también (Fernández Díez, 2014).

Precisamente, las aulas son el lugar donde mayor impacto tiene el aprendizaje socio-emocional para los alumnos, cuyo modelo a copiar es el adulto (su maestro) y, porque según las investigaciones que se están realizando, tener unos niveles adecuados de inteligencia emocional ayudan a afrontar con mayor éxito los contratiempos cotidianos y el estrés laboral al que se enfrentan los profesionales en el contexto educativo (Extremera & Fernández-Berrocal, 2004).

Como señala Bisquerra (2005): *"La educación emocional es una forma de prevención primaria inespecífica"* (pág. 97), pues su adquisición competencial puede aplicarse a una multiplicidad de situaciones. Si tenemos en cuenta las dificultades de aprendizaje y la necesidad de la inclusión dentro del aula ordinaria, así como los procesos generalizadores que son iguales para todos, la educación emocional es primordial para beneficiarse de una mayor sensibilidad y calidad (Bisquerra, 2011).

En este sentido, el autoconcepto y la autoestima se constituyen como variables determinantes en la esfera personal y social del cada ser humano, favoreciendo la propia identidad y estableciendo el marco de referencia desde el que interpretar las propias experiencias y la realidad externa, además de influir sobre el rendimiento académico, condicionar la motivación y las expectativas de logro y contribuyendo a la salud y equilibrio psicológico (Roa García, 2013).

La influencia positiva del autoconcepto y la autoestima sobre el rendimiento académico ha sido confirmada en varias investigaciones realizadas en los últimos tiempos (Costa Ponte & Tabernero Urbieta, 2012; González-Pienda, Núñez, & González-Pumariega, 2002; González-Pienda, Núñez, González-Pumariega, Álvarez, Roces, García, González, Cabanach, Valle, 2000; Iniesta Martínez & Mañas Viejo, 2014; y Peralta Sánchez & Sánchez Roda, 1999).

En los resultados obtenidos por la investigación llevada a cabo con estudiantes universitarios por Gargallo López, Garfella Esteban, Sánchez Peris,

Ros Ros, & Serra Carbonell (2009) evidencia el importante y decisivo papel que tiene el desarrollo de un buen autoconcepto en los estudiantes sobre el rendimiento académico y la implicación directa que tiene la actuación del docente sobre ambos. Además, de la destacada contribución a la personalidad del escolar en educación primaria (Peralta Sánchez & Sánchez Roda, 1999).Incluso, en escolares adolescente, repercute sobre la autoestima y la competencia social, pues actúa sobre cómo piensan, cómo aprenden, cómo se valoran y cómo se relacionan con los demás (Clark, Clemes, & Bean, 2000; y Clemes & Bean, 1996).

Por otro lado, Peterson y Seligman (2004) mencionan que las virtudes y fortalezas del carácter de las personas, impactan sobre su forma de ser, convirtiéndose precisamente estos parámetros: cómo sienten, cómo piensan y cómo se comportan, en piezas clave, reflejo de quiénes somos verdaderamente.

Partiendo de todas estas premisas, se diseñó una experiencia de aprendizaje gamificada en una asignatura obligatoria: "Intervención Psicológica en Trastornos de Aprendizaje (lectura, escritura y matemáticas)" que pertenece a los estudios de Máster de Educación Especial de la Facultad de Educación de la Universidad Complutense de Madrid. Esta asignatura incluida en el área de conocimiento de *Aspectos fundamentales de la Educación Especial* y se imparte durante el primer semestre de curso, de octubre a enero.

Desde sus comienzos en 2013, la asignatura ha mantenido la metodología presencial combinada con recursos adicionales con acceso a un *Campus Virtual* a través de plataforma Moodle, así como la teoría y las prácticas relacionadas, actualizándose el contenido al avance de los estudios de investigación publicados por el momento. La docente, en este caso, ha sido la misma desde el inicio del Máster.

La edad media del alumnado que ha estado matriculado de esta asignatura ha sido de 26 años pertenecientes a la denominada *Generación Y o Milenials*, nacidos entre 1980 y 2000. Esta generación es una de las primeras generaciones consideradas nativas digitales. Según Prensky, (2011) autor que acuñó este término, son aquellas personas a las que el haber nacido bajo el paradigma de la cultura tecnológica, se les presupone que están familiarizadas con ella. Se caracterizan por la inmediatez y la agilidad para tomar decisiones, la personalización y el gusto de trabajar por la finalidad de aprender y/o de realizarse más que por percibir una retribución económica.

En cuanto a la distribución del sexo en la muestra de alumnos, hay un claro predominio del género femenino, siendo poco representativo el alumnado masculino.

Otras de las características del grupo advertidas que se han tenido en cuenta para el diseño y elaboración de esta experiencia, fueron las amenazas y debilidades observadas en el aula durante la instrucción de esta misma asignatura desde sus inicios, 2013 hasta 2016. Estas fueron las siguientes (ver Tabla 1):

Tabla 1- Amenazas y Debilidades encontradas (Elaboración propia).

Amenazas	Debilidades
Aprendizaje mecánico y bulímico. No se disfruta aprendiendo. Sin pensamiento crítico. No hay reflexión sobre lo que aprendo. Dificultades en la gestión del tiempo. Apatía. Ansiedad y estrés.	Bajo nivel de autoconocimiento. Alumnado como actor pasivo en su propio proceso de aprendizaje. Comodidad en su zona de confort. Conocimiento compartimentado que impide flexibilizar la práctica profesional. No hay reconocimiento de la persona dentro del proceso de aprendizaje (Inclusión).

Objetivos Generales

A través de las distintas actividades y experiencias planteadas en la experiencia gamificada *"Los Sabios de la Túnica Color Ciruela: Entrenan Héroes"* (Calatayud-Estrada, 2016), se pretende propiciar en el alumnado la adquisición de conocimientos, habilidades y competencias dirigidas a:

- Emocionar, a despertar la curiosidad en el alumnado, así como a focalizar la atención sobre el objeto de aprendizaje: la persona con dificultades de aprendizaje.
- Favorecer el aprendizaje significativo.
- Entrenar y fomentar la creatividad.
- Entrenar y fortalecer la cohesión y unidad de grupo de aula.
- Trabajar el autoconcepto y la autoestima de cada alumno/a del grupo de aula.
- Entrenar y fortalecer la competencia digital docente, además de la identidad digital del alumnado, a través de las Tecnologías del Aprendizaje y el Conocimiento (en adelante, TAC) y de las Tecnologías para el Empoderamiento y la Participación (en adelante, TEP).

- Mejorar y fortalecer la motivación del alumnado bajo condiciones de presión y/o frustración.
- Hacer visible la educación inclusiva en el aula.

Método

Se llevó a cabo una propuesta de intervención en el aula combinando una estructura gamificada cuyo marco simbólico y estético estaba generado a través de una narrativa ambientada en la filosofía y el pensamiento oriental, que facilita la transformación del alumnado en *aprendices de sabio* y los sitúa en un marco atemporal e incierto. Bajo este hilo narrativo, los aprendices de sabio ingresan en el Monasterio de los Sabio de la Túnica Color Ciruela, recorrerán distintos senderos dispuestos a superar las diversas misiones planteadas a través del Aprendizaje Basado en Problemas (en adelante, ABP) (Barrows H. , 1986) y la técnica de Aprendizaje Cooperativo: Jigsaw o Puzzle de Aronson (Aronson, 1978; Aronson & Patnoe,1997), junto a la utilización de las TAC y las TEP, para ir incrementando su nivel de sabiduría con el objetivo final de transformarse en *sabios*.

Figura 1- Camino a la Sabiduría en la experiencia ludificada "Los Sabios de la Túnica Color Ciruela: Entrenan Héroes" (Calatayud-Estrada, 2016).

Para favorecer la inmersión del alumnado en esta experiencia gamificada de aprendizaje se diseñó específicamente una página web: http://mcalatayud.wixsite.com/sabiostunicaciruela, que aloja la narrativa, las normas y reglas de la gamificación, así como las misiones y retos de cada uno de los niveles y estadios de sabiduría. La información permaneció oculta y se fue descubriendo al alumnado a medida que avanzaba el juego con la intención de mantener como disparadores atencionales y motivacionales, la sorpresa y la novedad. Por otro lado, junto a esta página web, se combinó la utilización de la plataforma de Moddle (campus virtual de la UCM) para planificar, organizar (secuencial y temporalmente) y recoger los productos cada uno de los retos de cada una de las misiones propuestas.

Aunque se han expuesto brevemente y a nivel general, tanto los objetivos trabajados en el aula como la metodología empleada en la experiencia, a continuación, se expondrán de manera detallada la primera misión a llevar a cabo por el alumnado de la mencionada asignatura objeto de esta comunicación.

Esta primera parada, lleva al *aprendiz de sabio* a la *Misión I: Agua para Arcilla*. Tal y como explicaba la Maestra (Sensei Chihiro) a sus aprendices: *"El agua representa pureza, transparencia y fertilidad. Se relaciona con nuestras emociones y nos invita a armonizarnos para expresar nuestra sabiduría. Como decía Eurípides (484-480 a. C.- 406 a. C.): "Tienes solo una vida a tu disposición: la TUYA". Nuestro viaje comienza desde lo particular e individual, desde el YO. En esta etapa de la vida TODO ES POSIBLE: el abanico de posibilidades y realidades es inmenso. Estamos ante dos conceptos clave: POSIBILIDADES y REALIDADES: "Uno es lo que HACE, no lo que dice. La felicidad es un estado de ánimo satisfactorio dónde uno mismo hace una interpretación positiva de la realidad. (Rojas Marcos, 2004). "La persona sabia vive como el agua" (Lao Tse)*[3].

Las cinco actividades sugeridas de este nivel de sabiduría están dirigidas a trabajar el autoconcepto y la autoestima, así como a trabajar el poder de las palabras y del auto dialogo interno, el poder de los pensamientos automáticos y de los sesgos cognitivos, el efecto Pigmalión, el poder de la empatía y la resistencia al cambio, tanto desde el punto de vista del futuro docente como de la perspectiva como alumno.

Los objetivos específicos que se han tenido en cuenta en esta etapa fueron los siguientes:

- Trabajar el autoconcepto y la autoestima a través de las distintas actividades planteadas en la Misión I.

---

3 Texto extraído de las misivas utilizadas para comunicarse la Maestra con sus Aprendices de Sabio.

- Conocerse y ser conscientes de las limitaciones y de los éxitos propios, así como de las amenazas, debilidades, oportunidades y fortalezas propias.

- Conocer mi valía como persona y empoderar a la persona como núcleo esencial del aprendizaje.

- Conocer qué es y cómo afecta el *efecto Pigmalión* y la *profecía autocumplida*.

- Conocer y delimitar cómo afectan los sesgos cognitivos y los pensamientos automáticos limitantes.

- Romper con las etiquetas peyorativas para describir a mi alumnado en el aula.

- Desarrollo de estrategias de emocionales y habilidades empáticas.

- Favorecer la estimulación afectiva y la expresión regulada de los sentimientos, tanto de emociones positivas como negativas.

- Desarrollar las capacidades socio-emocionales y la solución de conflictos interpersonales e intrapersonales.

- Entrenar y favorecer el aprendizaje reflexivo y significativo, como modelo de actuación a seguir en el aula como fuera de ella.

El producto final: Diario del Aprendiz se entregó en formato digital y su evaluación se llevó a cabo a través de una rúbrica de aprendizaje diseñada específicamente para ese producto.

Resultados

En concreto, la utilización de mecánicas de juego en entornos no lúdicos (gamificación) y la integración de las Tecnologías del Aprendizaje y el Conocimiento (TAC) y de las Tecnologías para el Empoderamiento y la Participación (TEP), ha resultado una opción interesante para lograr los objetivos propuestos en la asignatura, ya que tuvo una acogida positiva por el alumnado, aumentando la implicación del mismo en los primeros estadios de desarrollo.

En relación a los resultados obtenidos en la primera misión de la experiencia, estos serían:

- Incremento de la motivación del alumnado. Les permitió elegir la extensión de sus contenidos y el modo de presentarlos como productos acabados, según sus propios intereses y habilidades.

- Incremento en la resolución de problemas, pues estimuló al alumnado a identificar problemas y sus posibles soluciones. Les permitió contrastar hipótesis de partida

- Fomento de la participación y el trabajo independiente

- Permitió trabajar el derecho y el respeto a ser diferentes dentro de un entorno normalizado, con la intención de hacer hincapié en que se mantuviera dentro de las aulas con alumnado con dificultades y trastornos e aprendizaje.

Bajo esta perspectiva, se observaron las principales Oportunidades y Fortalezas identificadas en el grupo de aula (ver Tabla 2):

Tabla 2- Fortalezas y Oportunidades (elaboración propia)

Oportunidades	Fortalezas
Mecánicas y Dinámicas de Juego: poderes y privilegios. Deseo de Pertenencia: Cooperación. Narrativa potente: Filosofía y Pensamiento Oriental. Comunicación epistolar con el alumnado. El error como oportunidad de aprendizaje. Empleo de Tecnologías para el Aprendizaje (TAC) y para el Empoderamiento y la Participación (TEP).	Curiosidad y capacidad de asombro. Creatividad. Compromiso y Cooperación. Metacognición: Reflexión y Pensamiento Crítico. Rúbricas de evaluación: valoración interjueces. Identidad propia.

Desde una perspectiva "learning by doing" ha permitido al alumnado experimentar el proceso de enseñanza-aprendizaje en primera persona, resultando así una experiencia gratificante y permitiendo al alumnado superar la mecánica tradicional del aula ya que se ha otorgado la posibilidad de poder realizar acciones transgresoras o no posibles/ permitidas habitualmente a través de las cartas de poderes que han ido adquiriendo a medida que avanzaban en sabiduría, permitiéndoles utilizar estos recursos en el aplazamiento de tareas, sortear la búsqueda de información, etc. Como señala Karl M. Kapp (2012), los juegos superan la "cadena de fracaso" al permitir, como parte de su diseño, múltiples oportunidades para llevar a cabo una tarea hasta su dominio. También les ha permitido ser agentes activos de esta experiencia como punto de partida para reproducir este modelo en el aula en un futuro profesional inmediato, de tal manera que les permita enfocar la didáctica del aula y superar las dificultades de aprendizaje que se presenten.

Por otro lado, la dinámica del juego ha exigido al alumnado: a) realizar una inmersión en una realidad diferente y atemporal, se han transportado a un Monasterio de Sabios situado en una ciudad amurallada del Lejano Oriente, b) han aprendido aspectos relacionados con la cultura y simbología japonesa (personajes mitológicos, elementos principales, escritura kanji, etc); c) basándose en los puntos fuertes de la sabiduría oriental han trabajado procesos de metacognición en el ámbito cognitivo y emocional sobre su propio proceso de aprendizaje y también en la profundización de su conocimiento consciente como personas (talentos, limitaciones, perspectiva de futuro, etc.); d) han fusionado identidades (alumno/avatar) reduciéndose la distancia entre ambos y permitiendo la identificación con el personaje en cuestión para poder jugar con éxito; e) se establece el principio de incertidumbre en la experiencia de forma permanente y continua a través de la exploración en la narrativa, imprescindibles para alcanzar un fin que no está definido de antemano.; f) ha facilitado el proceso de adquisición de técnicas y herramientas de intervención a través del juego bajo la perspectiva "learning by doing"; g) ha favorecido la socialización dentro y fuera del aula, así como la comunicación bidireccional y cercanía entre la docente y el alumnado; h) ha permitido adquirir cierta competencia digital a través del manejo de distintas herramientas informáticas, tanto a través del ordenador personal como del smartphone y la tablet; i) incluso, ha generado una Comunidad de Aprendizaje a través de Telegram en el que se comparten en tiempo real, artículos, experiencias y actividades fuera del aula que incrementan y empoderan la valía de la formación más allá del lugar físico donde se desarrolla la docencia del Máster.

También se ha de mencionar que si bien esta experiencia ha tenido éxito y gran aceptación en el alumnado, en ciertos momentos, otras variables externas, tales como estar fijada esta metodología en una sola materia y convivir con modelos basados en la enseñanza tradicional, así como estar espaciada en el tiempo (dos horas a la semana) y la presencia de festivos en el día de impartición de la docencia, ha limitado su efecto potencial, según se ha extraído de las valoraciones anónimas realizadas por los alumnos; y a su vez, no ha terminado de ser aceptada la clasificación (leadboarding), manifestando el alumnado no estar muy de acuerdo con su utilidad dentro del aula.

Discusión y conclusiones

A la vista de los resultados obtenidos, se tiene como objetivo a corto y medio plazo continuar con estas actividades que trabajan la educación emocional desde el autoconocimiento, la metacognición y el pensamiento crítico y reflexivo.

Por otro lado, la utilización de experiencias gamificadas correctamente diseñadas, nos permiten desarrollar e implantar un modelo de intervención en el aula para transformar la realidad educativa, la formación del futuro docente e incrementar su competencia profesional y personal, adaptándose a los cambios que se producen en la sociedad actual, donde Internet y las nuevas tecnologías continúan modificando el proceso de enseñanza-aprendizaje.

Por ello, se han de incentivar las políticas educativas actuales afrontando el reto de la integración estratégica de las TAP y las TEP en la mejora del proceso de enseñanza- aprendizaje.

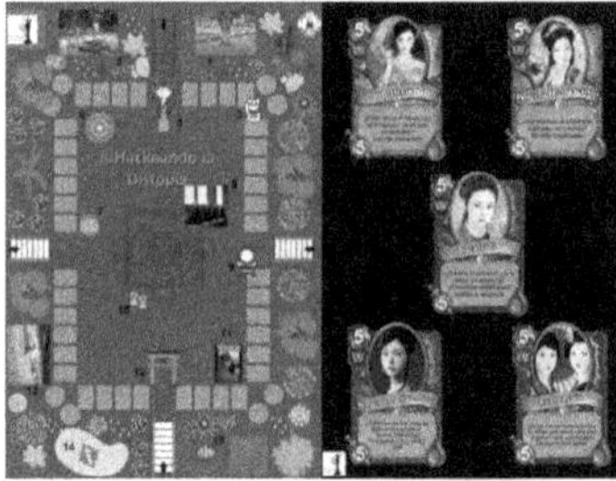

Figuras 2 y 3- Tableros de Juego con realidad aumentada diseñada para la experiencia ludificada "Los Sabios de la Túnica Color Ciruela: Entrenan Héroes" (Calatayud-Estrada, 2016).

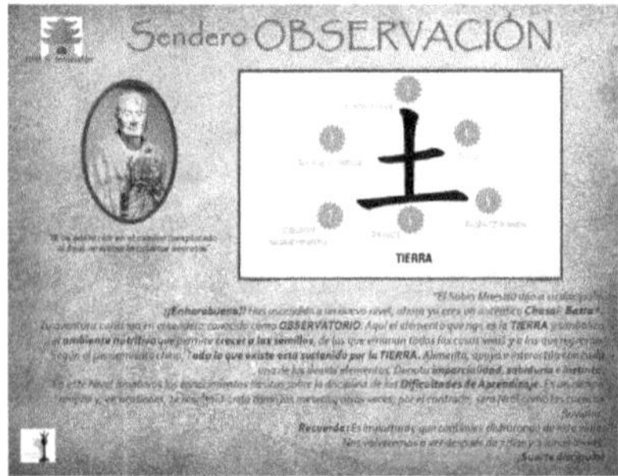

Figuras 3 y 4- Sendero de Observación. Nivel III y Sendeo Agua para Arcilla, Nivel I de la experiencia ludificada "Los Sabios de la Túnica Color Ciruela: Entrenan Héroes" (Calatayud-Estrada, 2016).

Figura 5- Técnica de los Puzles de Aronson de la experiencia ludificada "Los Sabios de la Túnica Color Ciruela: Entrenan Héroes" (Calatayud-Estrada, 2016).

Referencias bibliográficas

(s.f.). Obtenido de University of Pennsylvania. (2003). Authentic Happiness. Cuestionario VIA de Fortalezas.

Iniesta Martínez, A., & Mañas Viejo, C. (2014). Autoconcepto y rendimiento académico en adolecentes. *International Journal of Developmental and Educational Psychology. INFAD Revista de Psicología, 2*(1), 555-564.

Aronson, E. (1978). *The Jigsaw Classroom.* Beverly Hills, California: Sage Publications.

Aronson, E., & Patnoe, S. (1997). *The Jigsaw Classroom. Building Cooperation in the Classroom.* United States: Longman.

Barrows, H. (1986). A Taxonomy of problem-based learning methods. *Medical Education, 20*(6), 481-486.

Barrows, H. (1986). A Taxonomy of problem-based learning methods. *Medical Education,* 481-486.

Bisquerra, R. (2005). La educación emocional en la formación del profesorado. *Revista Interuniversitaria de Formación del Profesorado, 19*(3), 95-114.

Bisquerra, R. (2011). Diversidad y escuela inclusiva desde la educación emocional. En J. Navarro, *Diversidad, Calidad y Equidad Educativas.* Murcia: Consejería de Educación, Formación y Empleo.

Blohm, I., & Leimeister, J. (2013). Gamification: Design of IT-based enhancing services for motivational support and behavioral change. *Business & Information Systems Engineering,* 275-278.

Calatayud-Estrada, M. (Noviembre de 2016). *Los Sabios de la Túnica Color Ciruela: Entrenan Héroes.* Obtenido de https://mcalatayud.wixsite.com/sabiostunicaciruela

Clark, A., Clemes, H., & Bean, R. (2000). *Cómo desarrollar la autoestima en adolescentes.* Madrid: Editorial Debate.

Clemes, H., & Bean, R. (1996). *Cómo desarrollar la autoestima en los niños.* Madrid: Editorial Debate.

Cobo Romaní, C., & Moravec, J. (2011). *Aprendizaje Invisible. Hacia una nueva ecología de la educación.* Barcelona: Colección Transmedia XXI. Laboratori de Mitjans Interactius. Universitat de Barcelona.

Coll, C. (2002). *El constructivismo en el aula.* Barcelona: Graó.

Coll, C., Mauri, M., & Onrubia, J. (2008). Análisis de los usos reales de las TIC en contextos educativos formales: una aproximación sociocultural. *Revista Electrónica de Investigación Educativa, 10*(1), 1-18.

Costa Ponte, S., & Tabernero Urbieta, C. (2012). *Rendimiento académicoRendimiento académico y autoconcepto en estudiantes de Educación Secundaria Obligatoria según el género* (Vol. 3). Santiago de Compostela (A Coruña): Universidad de Santiago de Compostela.

Delors, J. (1996). *La educación encierra un tesoro*. Madrid: Santillana Ediciones.

Deterding, S., Dixon, D., Khaled, R., & Nacke, L. (2011). From Game Design Elements To Gamefulness: Defining "Gamification". *in Proceedings of the 15th International Academic MindTrek Conference: Envisioning Future Media Environments* (págs. 9-15). Tampere, Finland: ACM, NY, USA.

Díaz- Barriga, F. (2005). Principios de diseño instruccional de entornos de aprendizaje apoyados con TIC: un marco de referencia sociocultural y situado. *Revista Tecnología y Comunicación Educativas, 41*, 4-16.

Dörnyei, Z. (2008). *Estrategias de motivación en el aula de lenguas.* Barcelona: Editorial UOC .

Escofet, A., García, I., & Gros, B. (2011). Las nuevas culturas de aprendizaje y su incidencia en la educación superior. *Revista mexicana de investigación educativa, 16*(51), 1177-1195.

Extremera, N., & Fernández-Berrocal, P. (2004). La importancia de desarrollar la inteligencia emocional. *Revista Iberoamericana de Educación*(33), 1-10.

Falcão de Bittencourt, D., Roesler, J., & Da Silva Dias, J. (2014). Avaliação Externa de Cursos de Graduação a Distância: Análise dos Indicadores do MEC. *Evaluación externa de cursos de graduación a distancia:análisis de los indicadores del MEC*, 17-45.

Fernández Díez, M. (2014). El papel del profesor como líder educativo y motor de cambio de la escuela de hoy. *Inteligencia emocional y bienestar: Reflexiones, experiencias profesionales e investigaciones*, 138-149.

Gargallo López, B., Garfella Esteban, P. R., Sánchez Peris, F., Ros Ros, C., & Serra Carbonell, B. (2009). La influencia del autoconcepto en el rendimiento académico en estudiantes universitarios. *Revista Española de Orientación y Psicopedagogía, 20*, 16-28.

González González, C., & Mora Carreño, A. (2015). Técnicas de gamificación aplicadas en la docencia de Ingeniería Informática. *Revista de Investigación en Docencia Universitaria de la Informática, 8*(1), 29-40.

González, J., Cantú, M., & Maldonado, A. (2017). Gamificación del aprendizaje una estrategia para potenciar la innovación en educación médica. *Memorias de la Décima Sexta Conferencia Iberoamericana en Sistemas, Cibernética e Informática (CISCI 2017)*, 408-413.

González-Pienda, J., Núñez, J., & González-Pumariega, S. (2002). A structural equation model of parental involvement, motivational and aptitudinal characteristics, and academic achievement. *The Journal of Experimental Education., 70*(3), 257-287.

González-Pienda, J., Núñez, J., González-Pumariega, S., Álvarez, L., Roces, C., García, M., . . . Valle, A. (2000). Autoconcepto, proceso de atribución causal y metas académicas en niños con y sin dificultades de aprendizaje. *Psicothema, 12* (4), 548-556.

Hamari, J., & Koivisto, J. (2013). Social Motivations To Use Gamification: An Empirical Study Of Gamifying Exercise. *ECIS*.

Kapp, K. (2012). *The Gamification of Learning and Instruction: Game-Based Methods and Strategies for Training and Education.* San Francisco: John Wiley & Sons.

Knight, P. (1996). Independent Study, independent stuidies an core skill in higher education. En J. Tait, & P. Knight, *The management of independent learning.* London: Kogan Page in association with SEDA.

Knight, P. (2008). *El profesorado de Educación Superior: formación para la excelencia.* (3. Edición, Ed.) Madrid: Narcea S.A. de Ediciones.

Landers, R. (2014). Developing a theory of gamified learning: linking serious games and gamification of learning. *Simulation & Gaming, 6*(45), 752-768.

Lee, J., & Hamme, J. (2011). Gamification in Education: What, How, Why Bother? *Academic Exchange Quarterly*(15), 1-5.

Lee, J., & Hammer, J. (2011). Gamification in Education: What, How, Why Bother. *Academic Exchange Quarterly, 15*(2), 146.

McCallum, S. (2012). Gamification and Serious Games For Personalised Health. En B. Blobel, P. Pharow, & F. Sousa, *Proceedings Of The 9th International Conference On Wearable Micro And Nano Technologies For Personalized Health* (págs. 85-96). Porto, Portugal: Pealth.

Peralta Sánchez, F., & Sánchez Roda, M. (1999). Relaciones entre el autoconcepto y el rendimiento académico, en alumnos de Educación Primaria. *Revista Electrónica de Investigación Psicoeducativa y Psicopedagógica,, 1*(1), 95-120.

Peterson, C., & Seligman, M. (2004). *Character strengths and virtues: A handbook and classification.* Washington, DC: American Psychological Association.

Prensky, M. (2011). *Enseñar a nativos digitales: una propuesta pedagógica para la sociedad del conocimiento.* Boadilla del Monte (Madrid): SM Ediciones.

Roa García, A. (2013). La educación emocional, el autoconcepto, la autoestima y su importancia en la infancia. *EDETANIA 44*, 241-257.

Rojas Marcos, L. (2004). *Nuestra felicidad.* Madrid: Espasa Libros S.L.U.

Ryan, R., & Deci, E. L. (2002). *Handbook of self-determination research.* Rochester, NY: University of Rochester Press.

Schell, J. (2008). *The art of game design. A book of lenses.* Amstermam/Boston: Elsevier/ Morgan Kaufmann.

Siemens, G. (2004). Connectivism: a learningtheoryforthe digital age. *http://www.connectivism.ca/*, 1-59.

Vygotski, L. (1979). *El desarrollo de los procesos psicológicos superiores.* Buenos Aires: Grijalbo.

Zichermann, G., & Cunningham, C. (2011). *Gamification by Design: Implementing Game Mechanics in Web and Mobile Apps.* Cambrigde: O'Reilly Editors.

*Este libro se terminó de elaborar en abril de 2018
en la ciudad de Sevilla, bajo los cuidados de
Francisco Anaya, director de Ediciones Egregius.*